2024 스포츠지도사

스포츠윤리

단원별 출제빈도 분석

단원	2015 (전문)	2015 (생활)	2016	2017	2018	2019	2020	2021	2022	2023	누계 (개)	출제율 (%)
제1장 스포츠와 윤리	4	6	3	6	7	10	7	11	9	7	70	35
제2장 경쟁과 페어플레이	1	2	3	6	5	2	3	4	2	3	31	15.5
제3장 스포츠와 불평등	3	1	3	3	2	1	4	2	1	3	23	11.5
제4장 스포츠에서 환경과 동물윤리	1	1	2	2	1	2	2		1		12	6
제5장 스포츠와 폭력	3	4	2	1	1	1	1	1	2	1	17	8.5
제6장 경기력 향상과 공정성	3	1	3	1	1	1	2	1	1	4	18	9
제7장 스포츠와 인권	2	3			1	2			2		10	5
제8장 스포츠조직과 윤리	3	2	4	1	2	1	1	1	2	2	19	9.5
합계	20	20	20	20	20	20	20	20	20	20	200	100

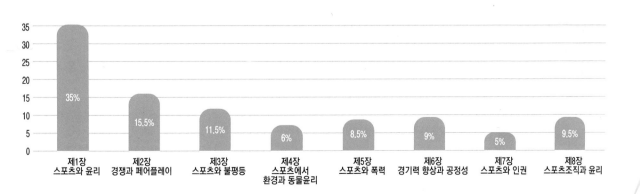

단원별 출제비율 그래프

스포츠와 윤리

💡 도덕, 윤리, 법의 차이

도덕	모든 인간이 지켜야 할 공통적인 규범과 도리를 뜻하고, 스스로 알아서 실천하는 행위에 중점을 둔다.
윤리	한 인간이 집단 안에서 조화로운 생활을 영위하기 위해 서로 지켜야 할 도리를 뜻하고, 실천하지 않으면 다른 사람들로부터 비난을 받는다.
법	법은 반드시 지켜야 하고, 지키지 않으면 강제적으로 지키게 만들거나 처벌받는다.
도덕과 윤리	도덕은 만인이 다 지켜야 할 보편적인 도리인 데 비하여 윤리는 특정한 사람이 지켜야 할 도리이다. 예를 들어 의사로서의 직업윤리는 의사가 지켜야 할 윤리이다.

💡 사실판단과 가치판단의 차이

사실판단은 있는 그대로의 사실을 객관적으로 판단하는 것이고, 가치판단은 어떤 기준 혹은 규범에 비추어서 옳고 그름을 판단하는 것이다. 그러므로 윤리학은 가치판단에 근거하여 옳은 것을 제시하는 학문이다.

가치판단의 종류에는 사리분별적 가치판단, 미적 가치판단, 도덕적 가치판단이 있다.

💡 사실판단과 가치판단

사실판단	가치판단
관찰·과학적 또는 역사적 탐구와 같은 객관적인 사실을 근거로 진위를 밝힘.	좋고/나쁨, 옳고/그름, 아름다움/추함 등 주관적 가치를 근거로 당위성을 밝힘.

💡 스포츠윤리의 목적과 필요성

스포츠세계나 일반세계는 규칙에 정해져 있는 벌칙에 의해서 질서가 유지되는 것이 아니라 법과 규칙을 지키려고 하는 정신에 의해서 유지되는 것이다. 정신은 법이나 규칙으로 강제되는 것이 아니라 도덕과 윤리에 의해서 함양되는 것이다. 만약 스포츠윤리가 없이 벌칙으로만 옳지 못한 행위를 규제하려고 한다면 경기는 할 수 없고 규칙만 외우다가 끝나고 말 것이다.

☞ 스포츠윤리의 목적 : 스포츠인의 도덕적 자율성(moral autonomy) 함양.

도덕적 자율성은 자신의 생활을 영위하거나 타인의 행위를 평가할 때 외부의 권력이나 명령에 따르지 않고 스스로 획득한 원리를 따르는 것이다. 다시 말하면 스포츠산업의 성장 이면에는 스포츠인들에게 도덕적 자율성을 함양시켜 스포츠상황에서 발생하는 다양하고 복잡한 윤리석 문제를 분석하고 가장 바람직한 방식으로 해결할 수 있는 능력을 기르는 것이다.

☞ 스포츠 윤리의 필요성 : 승리 추구로 인한 비윤리적인 사건의 지속적인 발생이 뒤따르고 있으

므로, 스포츠현장에서 윤리의 필요성이 강조되고 있다.

💡 스포츠윤리의 문제

▶ 경기장 내
- ⊛ 의도적인 반칙을 어디까지 허용할 것인가?
- ⊛ 심판의 판정오류는 어떻게 줄일 것인가?

▶ 경기장 밖
- ⊛ 테러리스트의 문제
- ⊛ 도핑 문제
- ⊛ 스포츠도박과 승부조작의 문제
- ⊛ 기타 : 성 문제, 환경 문제, 인종차별 문제, 동물윤리 문제

▶ 스포츠윤리는 정해져 있는 것이 아니라 스포츠참가자 전체의 뜻에 따라서 더 좋은 경기를 수행할 수 있는 방향으로 꾸준히 새롭게 창조되어 가고 있다.

💡 윤리이론

윤리적인 상황의 파악과 인식, 도덕적 갈등의 해소를 위해서 윤리이론이 필요하다.

1 목적론적(결과론적) 윤리

어떤 행위의 결과에 따라서 가치를 판단하는 윤리체계이다.

　예 : 상대 팀의 중심 타자에게 빈볼을 던진 투수의 행동은 옳은가?

우리 팀의 많은 선수들의 사기를 올렸으므로 옳다고 판단한다. 공리주의라고도 한다.

내용	» 인간이 추구해야 할 어떤 궁극적인 목적이 있음을 전제로 함. » 최선의 결과를 가져오는 행위, 결과적으로 행복을 가져오는 행위가 선하고 옳은 행위임. » 궁극적인 목적은 넓은 의미로는 행복이고, 좁은 의미로는 쾌락임. » 감각적 경험과 행복한 삶을 중시하고, 목적의 성취와 일의 효용성 강조. » 행복과 의무가 충돌할 경우 목적론자는 행복을 선택하게 됨.
단점	» 목적이 모든 수단을 정당화시킴. » 목적달성을 위해서는 수단과 방법을 가리지 않아도 된다는 위험성이 있음. » 행위의 결과를 정확하게 예측할 수 없기 때문에 행위를 할 당시에는 옳고 그름을 판단할 수 없음. » 배분적 정의를 고려하지 못함.

2 의무론적 윤리

어떤 행위가 도덕적인 규칙에 맞느냐 어긋나느냐에 따라서 가치를 판단하는 윤리체계이다.

예 : 상대 팀의 중심 타자에게 빈볼을 던진 투수의 행동은 도덕적인 규칙에 어긋나므로 옳지
　　 않은 행동이라고 판단한다.

　도덕적인 규칙을 지키는 것을 인간의 의무라고 보는 것이다. 의무론이 옳은 경우도 있고, 결과
론이 옳은 경우도 있다.

내용	» 인간이 추구해야 할 어떤 궁극적인 목적보다는 언제 어디서나 지켜야 할 행위의 근본원칙에 주목함. » 인간행위의 옳고 그름을 행위 그 자체의 옳고 그름 및 행위자의 의도와 동기로 판단함. » 도덕적 행위는 의무이기 때문에 행위의 결과에 상관없이 해야 됨. » 인간이 언제 어디서나 지켜야 할 도덕적 책무를 중시함. » 합리적 이성에 대한 신뢰를 바탕으로 의로운 삶을 중시하고, 공정한 절차와 정당한 원칙을 강조함. » 도덕적 법칙은 보편적이며 절대적임.
단점	» 수많은 도덕 규칙 중에서 어떤 것이 옳은 도덕 규칙인지를 가려 줄 기준이 모호함. 칸트는 모든 사람이 따를 수 있는 보편적인 법칙이 올바른 도덕 규칙이라고 하였지만, 보편적인 법칙을 고르는 것도 불분명함. » 규칙의 절대성을 지나치게 강조하고, 도덕 규칙에 예외를 허용하지 않으려고 함. » 칸트는 "약속을 어기고 거짓말을 하면 좀 더 유익한 결과가 생긴다."고 하더라도 규칙에 예외가 있을 수 없으므로 "약속은 지키고, 거짓말을 하면 안 된다."고 함. 그러나 예외 없는 규칙은 있을 수 없을 뿐만 아니라 공리주의 입장에서 보면 옳지 않은 행위가 됨. » 두 가지 도덕 법칙이 서로 대립될 경우 해결방법이 없음.

3 덕론적 윤리

　어떤 행위를 한 사람의 덕성 판단을 중시한다. 즉 미덕을 행하는 것은 옳은 것이고, 악덕을 행
하는 것은 그른 것이다. 책임, 정직, 충성, 신뢰, 공정, 배려, 신뢰 등이 미덕에 해당된다.

예 : 빈볼을 던지는 행위는 미덕인가? 악덕인가? 판단이 어렵다.

　가치판단에 서로 충돌이 생겼을 때는 윤리적 상황에 실제로 직면하고 있는 '당사자의 관점'에
서 '창의적인 중도' 방법으로 해결책을 찾는 것이 가장 현명하다.

내용	» 이상적인 인격모델을 제시하고, 도덕적 탁월성을 실현할 수 있다고 봄. » 윤리의 실천 가능성을 높이고, 대인관계에서 도덕적 행동 실천을 위한 구체적인 동기를 제공함. » 스스로 도덕적 행동을 할 수 있도록 격려하고, 도덕공동체를 지향하게 함. » 새로운 공동체를 만들고 공동체에서 살 수 있도록 하는 덕의 육성을 강조함.

	» 상대주의의 위험성 : 덕은 특정 사회의 전통이나 문화와 밀접한 관련이 있어 보편성을 확보하기 쉽지 않음.
단점	» 판단의 불확정성 : 유연한 도덕적 판단 때문에 때로는 판단의 불확정성을 동반할 수도 있음.
	» 주관적 요소 : 행위자 중심으로 도덕적 판단을 하면 주관적인 요소가 개입될 수도 있음.
	» 우연적 요소 : 덕을 구비하는 것은 자신의 의지 · 노력에 환경적인 요소도 필요함.

💡 동양의 윤리사상

1️⃣ 유교
인간의 본성에 순응하면 선(善)이고, 거역하면 악(惡)이다.

▶ 공자
공자는 "백성을 강제적으로 다스리려고 하면 안 되고, 통치자가 도덕적 수양을 쌓아서 백성에게 감동과 감화를 주어 순화시키면 백성들이 저절로 그를 향하여 모일 것"이라는 도덕정치를 주장하였다.

▶ 맹자
인간에게는 선천적으로 선(善)이 내재되어 있으므로, 그 선을 적극적으로 끌어내면 인(仁)에 의한 도덕정치가 가능하게 된다는 성선설을 주장하였다.

ⓧ 맹자의 4단(四端)
* 측은지심(惻隱之心 : 남의 불행을 불쌍히 여기는 마음)은 인지단(仁之端)
* 수오지심(羞惡之心 : 자기의 옳지 못함을 부끄러워 하고, 남의 옳지 못함을 미워하는 마음)은 의지단(義之端)
* 사양지심(辭讓之心 : 겸손한 마음으로 받지 않거나, 남에게 양보하는 마음)은 예지단(禮之端)
* 시비지심(是非之心 : 옳고그름(시비)을 가릴 줄 아는 마음)은 지지단(智之端)

ⓧ 맹자의 7정 : 희(喜), 노(怒), 애(哀), 구(懼), 애(愛), 오(惡), 욕(欲)

▶ 순자
인간의 본성에는 탐욕과 부정이 내재되어 있다고 하는 성악설을 주장하였다.

2️⃣ 묵가사상
☞ 겸애(兼愛) : 보편적인 사랑, 전체를 사랑함, 조건 없는 사랑을 의미한다.
☞ 천지(天志) : 하느님의 뜻을 의미한다. 묵자는 하느님이 겸애하시며, 또한 인간이 겸애하기를

바란다고 하면서 겸애를 하면 하느님이 상을 주고, 하지 않으면 벌을 준다고 하였다.

☞ 상동(尙同) : 위와 같아짐을 이미한다. 아랫사람은 반드시 윗사람의 명령을 따라야 하고, 윗사람은 반드시 아랫사람들에게 겸애를 해야 한다.

☞ 상현(尙賢) : 현명한 사람(현자)을 높이는 것, 즉 현자를 윗사람으로 추대하는 것을 의미한다.

☞ 절용(節用)과 절장(節葬) : 물자의 쓰임새를 절약하고, 장례와 제사를 최소화하는 것을 의미한다.

3 법가사상

한비자는 순자의 성악설을 근거로 인간성의 회복과 사회의 안녕을 위해서는 인간의 본성에 내재되어 있는 악을 제거해 나갈 수밖에 없다고 보았다.

4 도가사상

도가사상(道家思想)은 노자(老子)가 창시하고, 장자(莊子)에 의해서 완성되었기 때문에 노장사상이라고도 한다. 도가에서는 "천지만물과 세상의 모든 존재는 도(道)에서 비롯된다."고 본다.

노자는 상선약수(上善若水)라 하여 "세상에서 가장 으뜸 되는 선(善)은 물과 같이 사는 것이다."라고 가르쳤다.

💡 선과 악

도덕(윤리)은 사회 유지에 필요한 규율이기 때문에 '옳고-그름(善-惡, good and evil)'을 반드시 구별해야 한다. 일반적으로 사회가 도덕적 가치로 인정하면서 그것의 확대를 추진하는 것을 선이라 하고, 그 반대를 악이라고 한다.

1 선과 악의 평가 기준

☞ 관념론자들 : 선·악을 시대나 사회 상태를 초월한 영원한 것이라고 규정한다.

☞ 중세 : (종교적 입장에서) 율법의 준수를 선이라 하면서 선을 신적이고 초월적인 것으로 규정하였다.

☞ 칸트 : (의무론적인 입장에서) 인간에게 내재되어 있는 도덕법에 일치하는 것에서 선을 발견해야 한다고 하였다.

☞ 유물론 : 인간의 쾌·불쾌를 기준으로 선과 악을 구별하려고 하였다.

☞ 엥겔스(Engels, F.) : 사회의 발전이 요구하는 행위를 하는 것이 선이고, 그것에 반하는 것이 악이라고 하였다.

☞ 성리학 : 사람의 인성은 인(仁)·의(義)·예(禮)·지(智)에 의한 본연의 성(性)과, 본연의 성을 흐리게 하여 변형을 초래하는 기질의 성으로 구성된다고 본다.

2 선과 악에 관한 사상들

☞ 초기 그리스 철학자 : 악이란 참으로 악이 아니라 다른 종류의 선이요, 선 전체를 위해서 필요한 일부분이다.

☞ 소피스트(Sophist) : 인간은 각자 무엇이 선이고, 무엇이 악인지 스스로 결정할 권리를 가지

고 있다.

☞ 소크라테스(Socrates) : 지혜가 최고의 선이다. 무엇이 옳은가를 아는 사람은 옳은 것을 행한다.

☞ 플라톤(Plato) : 감각의 세계는 악의 세계이고, 이데아의 세계는 선의 세계이다.

☞ 아리스토텔레스(Aristoteles) : 제각기 가지고 있는 재능과 능력을 완전히 실현하는 자기실현이 최고의 선이다.

☞ 에피쿠로스학파 : 모든 인간 활동의 목적은 쾌락이며, 행복은 모든 것 가운데 최고의 선이다.

☞ 스토아학파 : 최고의 선은 세계와 조화롭게 행동하는 데에 있다.

☞ 그리스종교사상가 : 신은 모든 선의 근원이며, 물질은 모든 악의 근원이다.

☞ 아우구스티누스(Augustinus) : 세계에 있는 모든 것은 선하다. 악이란 상대적이고, 선의 결핍이다.

☞ 홉즈(Hobbes) : 인간을 즐겁게 하는 것은 선이고, 고통이나 괴로움의 원인이 되는 것은 악이다.

☞ 로크(Locke) : 행복을 가져오는 것이 선이고, 고통을 초래하는 것이 악이다.

☞ 라이프니츠(Leibniz) : 인간의 영혼 속에는 선과 악의 표준에 이르는 어떤 생득적(선천적) 원칙들이 있다. 이 원칙에서 선한 행위와 악한 행위를 추론할 수 있다.

☞ 칸트(Kant) : 선한 의도를 가지고 도덕법칙을 존경하는 마음에서 한 행위는 선한 것이다. 행위의 결과가 선·악을 결정짓는 것이 아니다.

> ▶칸트(Kant)의 도덕 법칙
> * 칸트는 "순수이성비판"에서 학문적 지식의 확장 정도를 밝히고, 이를 통해 자연에 대한 보편적·필연적인 지식의 한계를 밝혔다.
> * 칸트는 당위의 세계를 '있어야 할 세계', 즉 도덕의 세계, 가치의 세계로 보고, 인간은 이성적 존재자로 실천인인 도덕의 세계에서 살아가고 있다고 하였다.
> * 칸트는 사람은 도덕적 의지를 추구하므로 다른 이성체계인 실천이성을 가지고 있다고 하였다.
> * 행위의 결과 또는 목적과 관계없이 행위만으로도 도덕적 가치를 가지고 있다(정언적 명령).

☞ 피히테(Fichte) : 도덕성이나 선은 단 한 번에 성취할 수 있는 상태가 아니라 모든 상황에서 도덕 법칙에 부응하도록 행동하기 위한 지적(知的)인 노력이다.

☞ 밀(Mill), 벤담(Bentham) : 최대다수의 최대행복이 선의 척도이다.

☞ 스펜서(Spencer) : 개인을 위해, 함께 살고 있는 사람들을 위해, 그리고 뒤에 올 사람들을 위해 삶을 풍요롭게 만들어주는 것이 최선의 행위이다.

☞ 제임스(James), 듀이(Dewey) : 집단과 그 집단 안에 있는 개인의 목적에 이바지하는 것이 선이다.

☞ 중용(中庸) : 하늘에서 내리는 명령을 선이라 한다.

☞ 주역(周易) : 음과 양의 조화에 따라 만물이 생성 변화하는 것이 도이고, 도를 따르는 것이 선이다.

☞ 맹자(孟子) : 현자(현명한 사람)가 하고자 할 만한 것이 선이다.

☞ 이이(李珥) : 인성의 자연스러운 발현이 선이고, 마음속에서 비교 계산하여 사사로움에 기울어진 것이 악이다.

윤리학의 분류

사물의 이치를 물리(物理)라고 한다면, 윤리는 인간관계의 이치이다. 영어에서 윤리의 의미를 가진 에틱스(ethics)는 '습속 또는 성격'이라는 뜻의 그리스어 에토스(ēthos)에서 유래하였고, 도덕철학(moral philosophy)이라고도 불린다.

다음은 근대 이후에 나온 여러 가지 윤리이론(기존의 전통윤리이론을 재해석한 것도 포함)이다.

1 규범윤리(normative ethics)

인간행동의 기준 또는 규범을 탐구하는 학문으로, 옳고그름을 판단하는 기준과 도덕원리 등을 알아내려고 한다.

2 메타윤리(meta ethics)

20세기 초·중반에 영미권(특히 미국)에서 집중적으로 논의되었던 윤리학의 한 갈래로 분석윤리학이라고도 한다. 가치판단이나 도덕판단 또는 도덕적 실천에는 관심이 없고, 윤리학 자체를 연구한다.

3 기술윤리(descriptive ethics)

어떤 물건을 만드는 기술(技術)이라는 뜻이 아니고, 무엇을 기록하고 설명한다는 기술(記述)이다. 도덕은 사회적 관습에서 시작되고, 도덕적 행위는 문화적 현상이므로 문화가 서로 다르더라도 어느 것이 옳고 어느 것이 그르다고 주장하지 말고 서로 이해하는 것이 중요하다고 강조하는 것이 기술윤리이다.

4 응용윤리(applied ethics)

과학기술이 급속도로 발달하면서 생겨나는 새로운 형태의 윤리적 문제(기존의 규범윤리로서는 해결할 수 없는 문제)를 해결하려고 생겨난 것이 응용윤리이다.
- ☞ 의료윤리……의사와 간호사 등 의료계에서 발생하는 윤리적 문제들을 다룬다.
- ☞ 공학윤리……공학 분야에서 발생하는 윤리적 문제들을 다룬다.

5 사회윤리(social ethics)

독일에서 미국으로 이주한 복음파 신학자 니부어(Niebuhr, Reinhold)가 제창한 사상이다.

6 환경윤리(생태철학)

독일 태생 유대인 철학자 요나스(Jonas, H.)가 『책임의 원칙』이라는 책에서 "자연을 망치면 인간의 자유도 망친다."고 하면서 인간의 책임 범위를 자연으로까지 확장한 윤리사상이다.
- ☞ 심정윤리와 책임윤리

  베버(Weber, M.)는 직업윤리를 심정윤리와 책임윤리라는 두 가지 유형으로 분류하였다. 심정윤리는 행위자가 선한 의도에서 어떤 행위를 했다면 설령 그 행위의 결과가 나쁠지라도 행위자에겐 책임이 없다고 보는 윤리이고, 책임윤리는 선한 의도로 한 행위라도 행위자가 결과에 대한 책임을 져야 한다고 보는 윤리이다.

☞ 정의윤리와 배려윤리

이성(理性), 개별성(個別性), 공정성(公正性), 보편적 원리 등을 강조하는 것을 정의윤리라 한다. 미국의 여성 윤리학자 길리건(Gilligan, C.)과 나딩스(Noddings, N.)가 정의윤리는 여성의 도덕적 특징을 간과했다고 비판하면서 배려와 인간관계 등의 가치를 강조한 윤리사상을 배려윤리라고 한다.

💡 정의(正義)

1 아리스토텔레스의 정의의 본질

☞ 평균적 정의……개인 상호간의 매매와 손해 및 배상, 범죄와 형벌 등은 '같은 것은 같은 방법으로'의 원칙에 따라 균형을 취해야 한다는 것

☞ 일반적 정의(법적 의무)……사회에서 개인들 간에는 권리를 서로 존중해야 하고, 개인이 국가 또는 사회의 일원으로서 국가 또는 사회에 대한 의무를 다해야 한다는 것

☞ 배분적 정의(실질적 평등의 원리)……사람은 각자 자신의 능력이나 사회에 공헌한 정도에 따라 다른 대우를 받아야 한다는 것

2 롤스의 정의론

롤스(Rawls, J.)는 공정한 사회를 이룩하려면 다음 2가지 기본 원칙이 선행되어야 한다고 하였다.

☞ 정의의 제1원리(평등한 자유의 원칙) : 모든 사람들에게 기본적인 자유를 완벽하게 누릴 수 있도록 해야 한다.

☞ 정의의 제2원리(차등의 원칙) : 사회적·경제적 불평등 문제는 다음 2가지 조건을 만족시킬 수 있을 때에만 정당한 불동등(不同等)으로 인정받을 수 있고, 그 불동등이 해소될 수 있도록 조정되어야 한다.
* 기회균등의 원칙
* 최소 수혜자 우선성의 원칙

3 샌델의 정의

샌델(Sandel, M. J.)은 정의로움을 판단할 수 있는 기준으로 다음의 3가지를 제시하였다.
① 사회구성원의 행복에 도움을 줄 수 있는가? - 공리주의, 최대다수의 최대행복
② 사회 구성원 각자의 자유로움을 보장할 수 있는가? - 자유주의
③ 사회에 좋은 영향을 끼칠 수 있는 미덕인가? - 공동체주의

4 여러 가지 정의

☞ 사회정의(social justice)
☞ 보상적(시정적) 정의와 분배적 정의
☞ 절차적 정의와 결과적 정의
☞ 일원론적 정의관과 다원론적 정의관

💡 도덕성

1 도덕성의 세 가지 요소

☞ 정서적 요소……프로이드(Freud)와 같은 정신분석이론가들은 '잘못을 저질렀을 때 부끄러움이나 수치심을 느끼는 것'과 같은 도덕성의 정서적 측면을 강조하였다.

☞ 인지적 요소……피아제(Piaget)와 같은 인지발달이론가들은 '합리적이고 공정한 기준에 근거해서 도덕적인 판단을 내릴 수 있는 지적 능력', 즉 도덕성의 인지적 요소를 강조하였다.

☞ 행동적 요소……스키너(Skiner)와 같은 행동주의심리학자들은 '자신의 잘못된 행동 또는 도덕적으로 옳지 못한 행동을 수정해서 더 바람직한 행동으로 변화시키려고 하는 것'과 같은 도덕성의 행동적 요소를 강조하였다.

2 피아제의 도덕발달의 특징

피아제(Piaget)는 아동들의 도덕성은 다음 2단계로 순서적으로 발달한다고 주장하였다.

☞ 타율적(사실적) 도덕성의 단계……6~10세의 아동은 규칙과 신념에 대한 존중감이 강하고, 그것에 항상 복종해야 한다고 생각한다. 또한 규칙이란 권위적 인물이 일방적으로 부과하며 매우 신성하고 결코 변경될 수 없다고 생각한다.

☞ 자율적(상대적) 도덕성의 단계……10~11세가 되면 2번째 단계인 자율적 도덕 단계가 시작된다. 자율적 도덕성의 단계에 있는 아동들은 규칙은 사람들의 임의적인 합의에 의해서 만들어진 것이라는 것을 깨닫게 된다.

3 콜버그(Kohlberg)의 도덕발달 이론

☞ 제1수준(Pre-conventional level = 前 인습적 수준 = 前 도덕성 수준)……도덕적 선악의 개념은 있으나, 준거는 권위자의 힘이나 개인적 욕구에 관련시켜 해석한다.

 * 1단계(벌과 복종의 단계)……3~7세에서 나타나는 단계이다. 복종과 처벌이 판단의 기준이 된다.

 * 2단계(상대적 쾌락주의)……8~11세의 어린이에게 나타나는 단계이다. 자신의 욕구를 충족시킬 수 있는지 없는지가 도덕적 판단의 기준이 된다. 제2단계의 어린이들은 모든 사람이(어른과 아이가) 똑같은 대우를 받기를 요구한다.

☞ 제2수준(Conventional level = 인습 수준 = 타율 도덕성 수준)……자신이 속한 집단의 기대나 기준에 맞추어 행동해야 된다고 생각한다.

 * 3단계(착한 아이 지향 = 개인 상호간의 동조 지향)……12~17세의 청소년에게 나타나는 단계이다.

 * 4단계(사회체제와 양심 지향 = 사회질서와 권위 지향)……18~25세에 주로 나타난다.

☞ 제3수준(Post-conventional level = 後 인습적 수준 = 자율도덕성 수준)……자신의 가치관과 도덕적 원리원칙이 자신이 속한 집단과 별개의 것임을 깨닫게 되면서 개인의 양심에 근거하여 행위를 하게 된다.

 * 5단계(공리성과 개인 권리의 지향 = 권리 우선과 사회계약의 단계)……일부의 사람들만이 단계에 도달하기 때문에 나이를 제시할 수 없다.

* 6단계(보편적 윤리원칙 지향)······극히 소수만이 이 단계에 도달하기 때문에 나이를 제시할 수 없다.
* 7단계(우주적 영생을 지향하는 단계)······콜버그는 말년에 7단계를 추가하였다. 도덕 문제는 도덕이나 삶 자체가 문제가 아니라 우주적 질서와의 통합이라고 보는 단계이다.

▶ 콜버그의 도덕성 발달이론의 특징
  » 도덕 발달의 단계별 순서가 정해져 있어서 변하지 않고, 발달은 하지만 퇴행은 없다.
  » 낮은 단계에 있는 사람은 높은 단계를 이해하지 못하지만, 높은 단계에 있는 사람은 낮은 단계를 이해할 수 있다.
  » 딜레마적인 상황에 처했을 때 그것을 해결하기 위해서 인지적 구조가 재조정되는 것이 도덕성의 발달이다.
  » 미국인 남성을 대상으로 콜버그의 도덕성 발달이론을 검증하는 연구를 한 결과 10~16세 소년들은 5, 6단계가 전혀 없었지만, 24세 된 성인들은 약 10%가 5, 6단계였다.
  » 대부분의 성인이 3, 4단계에 머물러 있었지만, 연령 증가에 따라 5, 6단계에 도달하는 사람도 증가되었다.

4 **길리건(Gilligan, C.)의 도덕성 발달이론**
☞ 정의 지향······사람들이 서로 공유하는 규칙·원리·권리·의무를 지키면서 살아가고, 서로를 공정하게 대우해야 이 사회가 정의로운 사회 또는 도덕적인 사회가 된다는 사고방식(주로 남성의 도덕성)
☞ 배려 지향······사람들이 서로 간의 관계를 유지하는 것과 다른 사람의 어려움이나 심리적 고통을 덜어주려는 데에 관심을 기울여야 도덕적인 사회가 된다는 사고방식(주로 여성의 도덕성)

5 **레스트(Rest)의 도덕성 4-구성요소 모형**
☞ 제1요소(도덕 감수성)······도덕적인 반응을 필요로 하는 상황인지 아닌지를 지각할 수 있는 능력이다.
☞ 제2요소(도덕 판단력)······특정 행동이 도덕적으로 옳은지 그른지를 판단할 수 있는 능력이다.
☞ 제3요소(도덕 동기화)······"어떤 일에 관심이 있고, 어떤 일을 더 가치 있게 생각하느냐?"를 도덕 동기라고 한다.
☞ 제4요소(도덕적 품성, 도덕적 성격)······자신이 선택한 도덕적 행동을 실천에 옮길 수 있는 기술과 실행능력을 말한다.

필수문제

01 스포츠윤리의 목적으로 적절하지 않은 것은?

① 스포츠 행위의 공정한 조건을 제시한다.
② 의도적 반칙에 대한 정당화의 근거를 제시한다.
③ 스포츠를 통한 도덕적 자질과 인격 함양을 추구한다.
④ 스포츠맨십, 페어플레이 등 스포츠윤리 규범을 통한 바람직한 공동체의 모습을 제시한다.

필수문제

02 보기에서 스포츠윤리의 역할로 적절한 것으로만 고른 것은?

보기
㉠ 스포츠 상황에서 행동의 옳고그름을 판단할 수 있는 원리 탐구
㉡ 스포츠 현상을 사실적으로 기술하는 방법 탐구
㉢ 스포츠 현상의 미학적 탐구
㉣ 윤리적 원리와 도덕적 덕목에 기초하여 스포츠인에게 요구되는 행위 탐구

① ㉠, ㉡   ② ㉠, ㉣   ③ ㉡, ㉢   ④ ㉡, ㉣

03 스포츠인의 윤리에 대한 설명으로 가장 바르지 않은 것은 ?

① 스포츠인의 윤리는 일반윤리 덕목과 크게 다르다.
② 스포츠인이 갖추어야 할 도덕적 품성이다.
③ 스포츠 활동을 하면서 상호작용하는 사람들 사이에 갖추어야 할 덕목이다.
④ 진정한 스포츠인으로 거듭날 수 있도록 하는 도덕적 품성이다.

04 현대스포츠에서 발생하는 윤리적 문제의 원인에 대한 해결방안으로 바른 것은?

① 승리를 최우선 목적으로 설정   ② 권위주의 기반의 상하 교육체계
③ 스포츠 경기를 위한 전술 훈련   ④ 인간성 회복과 감성의 스포츠 교육

정답   01 : ②, 02 : ②, 03 : ①, 04 : ④

05 스포츠윤리의 실천과제로 적당하지 않은 것은?

① 스포츠윤리 의식의 패러다임 전환   ② 우수선수의 연금 수혜에 대한 과제

③ 스포츠행위자에 대한 법적 과제   ④ 스포츠윤리강령 제정 및 조정시스템 구축

▪ 우수선수의 연금 수혜는 스포츠윤리의 실천과제가 아니다.

06 스포츠 행위에서 '윤리적 비난'의 대상이 아닌 것은?

① 폭력행위   ② 약물복용

③ 부정행위   ④ 체중감량

▪ 체중감량은 스포츠 행위에서 윤리적 비난 대상이 될 수 없다.

필수문제

07 보기의 괄호에 들어갈 용어로 알맞은 것은?

> 보기
> 스포츠윤리 교육의 목적은 스포츠인의 도덕적 (　　　) 함양이라고 할 수 있다. 도덕적 (　　　)이란 "도덕적 문제에 대한 비판적, 독립적인 사고를 바탕으로 스포츠 상황에 적용하는 능력"을 의미한다.
>
> ① 민감성 　　　　② 자율성 　　　　③ 우월성 　　　　④ 존엄성

▪ 스포츠윤리의 궁극적 목적은 스포츠인의 **도덕적 자율성 함양**에 있다. 도덕적 자율성은 도덕적인 문제에 대해 비판적이고 독립적인 사고와 이러한 독립적 사고를 스포츠 상황에서 발생하는 도덕적 상황에 적용하는 능력이다.

심화문제

08 스포츠윤리에 관한 설명으로 바르지 않은 것은?

① 스포츠행위 중 가장 기본적이고 상식적인 것

② 스포츠를 어떻게 해야 할 것인가에 대한 올바른 목적과 행위

③ 승리를 위한 의도적 파울 전략

④ 스포츠 현장에서 요구하는 규칙과 기본적 원리 준수

▪ 승리를 위한 의도적 파울은 승리지상주의와 관련된 내용으로 스포츠의 도덕성을 훼손시키는 행위이다.

09 스포츠윤리의 독자성에 대한 설명으로 옳지 않은 것은?

① 스포츠의 문제 해결과 관련하여 법의 필요성을 강조한다.

② 경쟁의 도덕적 조건과 가치 있는 승리의 의미를 밝힌다.

③ 비도덕적 행위의 유형과 공정성의 조건을 제시한다.

④ 스포츠를 통한 도덕적 자질과 인격의 함양을 추구한다.

▪ 모든 것을 법으로 해결한다면 윤리는 필요 없다.

정답   05 : ②, 06 : ④, 07 : ②, 08 : ③, 09 : ①

10 스포츠윤리가 스포츠인에게 필요한 이유로 가장 거리가 먼 것은?

① 스포츠인의 도덕적 삶을 위한 지침을 제시해준다.
② 스포츠 상황에서 어떤 목적이 좋은가를 결정하는 데 도움을 준다.
③ 스포츠인으로서 올바르게 행동하는 데 도움을 준다.
④ 스포츠선수로서 자신의 경기수행능력을 향상시키는 데 도움을 준다.

■ 윤리는 한 인간이 집단 안에서 조화로운 생활을 영위하기 위해 서로 지켜야 할 도리를 뜻한다. 경기수행능력 향상과 스포츠윤리는 관계가 없다.

심화문제

11 보기에서 A선수가 취한 윤리적 입장의 난점으로 가장 적절한 것은?

> 보기
>
> A선수는 마라톤 대회에 참가하여 2등으로 달리고 있던 중, 결승선 바로 앞에서 탈진하여 쓰러진 1등 선수를 발견하였다. A선수는 그 선수를 무시하고 1등을 차지할 수 있었지만, 쓰러진 선수를 돕는 것이 스포츠선수로서의 마땅한 행위라고 생각했다. 그래서 넘어진 선수를 부축하여 결승선까지 함께 도착하였으나 최종 성적은 순위권 밖으로 밀려났다.

① 인간 그 자체를 항상 목적으로 대해야 한다.
② 자연적인 경향성을 극복하고 의무를 따라야 한다.
③ 보편적 입법의 원리가 될 수 있도록 행동해야 한다.
④ 행위가 가져올 사회의 이익과 손해를 고려하여 행동해야 한다.

■ 결과적으로 A선수는 우승을 하지 못해서 사회적 손해를 보았다. 만약 ④를 고려했다면 결승선에 골인을 해서 우승을 한 다음에 다친 선수를 돌보았을 것이다.

12 스포츠윤리의 역할로 적절하지 않은 것은?

① 스포츠인의 행위에서 요구되는 도덕적 원리와 덕목을 고찰한다.
② 스포츠 현상에 대한 사실만을 기술한다.
③ 스포츠 상황에서 행동과 목적의 옳고 그름을 결정할 수 있는 근본원리를 탐색한다.
④ 도덕적 의미의 용어를 스포츠 환경에 적용할 때 그 기준과 방법에 대해 탐색한다.

■ 스포츠윤리는 스포츠 현상뿐만 아니라 인간이 갖추어야 할 기본적인 덕목도 포함한다.

정답 (10 : ④, 11 : ④, 12 : ②)

13 스포츠 상황에서 도덕적 가치가 충돌할 때 바람직한 판단 방법으로 적절하지 않은 것은?

① 주어진 윤리적 상황을 다각도로 분석하는 것이 필요하다.

② 주어진 상황에 적용할 수 있는 다양한 윤리이론을 고려해본다.

③ 윤리적 상황에 직면한 행위자의 관점이 아니라 재판자의 관점에서만 판단하는 것이 바람직하다.

④ 윤리적 상황에 적용되는 도덕규칙과 결과의 공리성을 비교·분석하여 최선의 방안을 찾으려는 노력이 필요하다.

■ 재판자의 관점에서 판단하는 것은 법과 관계가 있다.

14 보기의 설명이 옳으면 O, 틀리면 X로 표시한다고 할 때 옳은 것은?

보기
» 스포츠윤리는 스포츠라는 특수한 상황에서 요구되는 규범이나 도덕적 기준을 다룬다.( )
» 스포츠윤리는 개인윤리, 직업윤리, 사회윤리의 요소를 모두 포함하고 있다.( )
» 스포츠윤리는 스포츠선수의 역할이나 직업을 잘 수행하게 만드는 데 목적이 있다.( )
» 스포츠윤리는 스포츠행위에 있어서 옳고그름의 판단기준을 제공하는 것이 목표이다.( )

① X O X O   ② O O X X   ③ O O O X   ④ O O X O

■ 윤리는 ○○을 잘 수행하는 것이 아니라, 옳고그름을 판단하는 것이다.

15 스포츠에서 공격이 윤리적이어야 하는 이유의 근거로 적절하지 않은 것은?

① 타인의 탁월성 발휘를 침해하지 않아야 하기 때문이다.

② 파괴적인 것이 아니라 합리적인 방법과 전술의 개발 등 생산적이어야 하기 때문이다.

③ 공격 당사자의 본능, 감정, 의지를 폭력적인 수단에 의해 관철해야 하기 때문이다.

④ 규칙의 범위 내에서 공격과 방어의 교환이라는 소통의 구조를 가져야 하기 때문이다.

■ 공격 당사자의 본능·감정·의지를 폭력적으로 관철하는 것은 윤리적인 공격의 근거가 될 수 없음.

정답 13 : ③, 14 : ④, 15 : ③

16 괄호 안에 들어갈 말을 순서대로 바르게 짝지어 놓은 것은?

■도덕 : 모든 인간이 공통으로 지켜야 할 규범과 도리. 스스로 알아서 실천하는 행위에 중점을 둠.
■윤리 : 한 집단 안에서 지켜야 할 도리이며, 실천하지 않으면 비난을 받음.

> 체육교사가 배우자 명의로 배우자와 함께 술집을 운영하는 것은 (   )으로는 문제가 되지 않을 수 있지만, 교직 (   )으로는 문제가 될 수 있다.

① 상식적 – 도덕적
② 도덕적 – 윤리적
③ 윤리적 – 도덕적
④ 도덕적 – 상식적

17 보기는 개인윤리와 사회윤리에 대한 내용이다. 괄호 안에 공통으로 들어갈 용어는?

> 보기
> 공정한 스포츠는 스포츠인의 도덕적 자율성과 (   )의 조화에서 찾을 수 있다. 하지만 (   )이 집중되면 조직의 감시와 통제, 억압, 착취를 받을 가능성이 높다.

■공정한 스포츠가 되려면 스포츠인의 도덕적 자율성과 제도적 강제성이 조화되어야 한다.

① 제도적 자율성
② 개인적 존엄성
③ 개인적 정당성
④ 제도적 강제성

필수문제

18 보기에서 ㉠, ㉡에 들어갈 용어가 바르게 연결된 것은?

> 보기
> 스포츠에서 일어나는 사건이나 현상에 대한 사유작용을 판단이라고 한다. 판단은 크게 사실판단과 가치판단으로 구분된다. 사실판단은 실제 스포츠에서 일어난 사건과 현상에 대한 진술을 말한다. 따라서 (㉠)을/를 가릴 수 있다. 이에 비해 가치판단은 옳고 그름 혹은 바람직하거나 그렇지 못한 것 등 가치에 대한 진술로 이루어진다. 가치판단은 주로 (㉡)에 근거한다.

■사실판단 : 객관적인 사실을 근거로 옳고 그름을 밝힘. 진위를 가릴 수 있음.
■가치판단 : 주관적인 가치를 근거로 당위성에 근거를 둠.

	㉠	㉡		㉠	㉡
①	진위	당위	②	진위	허위
③	진리	상상	④	진리	선택

정답 16 : ②, 17 : ④, 18 : ①

19 보기에서 가치판단에 해당하는 것만을 모두 고른 것은?

보기
㉠ 체조경기에서 선수들의 연기는 아름답다.
㉡ 건강을 위해서는 고지방 음식을 피해야 한다.
㉢ 시합이 끝난 후 상대방에게 인사를 하는 것은 옳은 행위이다.
㉣ 이상화는 2010년 밴쿠버동계올림픽경기대회에서 금메달을 획득하였다.

① ㉠, ㉢   ② ㉡, ㉢   ③ ㉠, ㉡, ㉢   ④ ㉠, ㉡, ㉢, ㉣

> ■가치판단 : 좋고/나쁨, 옳고/그름, 아름다움/추함과 같은 주관적 가치를 근거로 당위성을 밝히는 것. ㉠은 미적인 가치판단 ㉡은 분별적인 가치판단 ㉢도덕적인 가치판단 ㉣은 객관적인 사실을 근거로 옳고/그름을 밝히는 사실판단임.

심화문제

20 보기의 ㉠, ㉡에 들어갈 용어는?

보기
(㉠)은 실제 사건과 현상에 대한 진술이라면, (㉡)은 마땅히 그렇게 되어야 할 것을 지시하거나 어떤 기준, 규범에 따르는 것이어야 함을 나타낸다. 예를 들면 '박태환 선수는 아시아선수권 수영대회에서 자유형 200m 대회신기록을 수립했다'는 (㉠)이고, '축구경기 중 넘어진 상대선수를 일으켜 준 박지성 선수의 행동은 매우 훌륭했다'는 (㉡)이다.

> ■18번 문제 참조

	㉠	㉡		㉠	㉡
①	사실판단,	주관판단	②	객관판단,	가치판단
③	사실판단,	가치판단	④	객관판단,	주관판단

21 스포츠윤리학의 주요 관심사인 가치판단의 형태로 적절하지 않은 것은?

① 도덕적인 것(moral values)   ② 미적인 것(aesthetic values)
③ 사실적인 것(realistic values)   ④ 사리분별에 관한 것(prudential values)

> ■사실판단과 가치판단에 관한 설명을 자세히 읽어볼 것. 사실적인 것은 가치판단의 형태가 아니다.

22 가치판단적 진술이 아닌 것은?

① 추신수는 정직한 선수이다.   ② 페어플레이는 좋은 행위이다.
③ 감독은 선수를 체벌해서는 안 된다.   ④ 김연아는 올림픽경기에서 금메달을 땄다.

> ■④는 사실판단이다.

23 가치판단의 사례로 적절하지 않은 것은?

① 선수들에게 폭력을 행사하면 안 된다.
② 스포츠 선수들의 기부는 사회적으로 긍정적인 영향을 준다.
③ 2020년 제32회 도쿄올림픽이 1년 연기되었다.
④ 피겨스케이팅 선수들의 연기는 매우 아름답다.

> ■가치판단은 어떤 기준 혹은 규범에 비추어 옳고 그름을 판단하는 것이다. 종류는 사리분별적 가치판단(①), 미적 가치판단(④), 도덕적 가치판단(②)이 있다.

정답 19 : ③, 20 : ③, 21 : ③, 22 : ④, 23 : ③

[필수문제]

24 셀러(M. Scheler)의 가치 서열 기준과 이를 스포츠에 적용한 사례로 연결이 적절하지 않은 것은?

① 지속성 - 도핑으로 메달을 획득하는 것보다 지속적으로 훈련을 하여 경기에 참여하는 것이 가치가 더 높다.

② 만족의 깊이 - 자신의 실수를 인정하여 패배하는 것이 속임수를 쓰고 승리하여 메달을 획득하는 것보다 가치가 더 높다.

③ 근거성 - 올림픽 경기에서 메달 획득으로 병역 혜택을 받는 것보다 올림픽 정신을 토대로 세계적인 선수들과 정정당당하게 겨루는 것이 가치가 더 높다.

④ 분할 향유 가능성-상위 팀이 상금(몫)을 독점하는 것보다는 적더라도 보다 많은 팀이 상금(몫)을 받도록 하는 것이 가치가 더 높다.

[필수문제]

25 보기에서 국제축구연맹(FIFA)의 판단과정에 영향을 준 윤리 이론은?

> 보기
>
> 국제축구연맹은 선수의 부상 위험과 종교적인 갈등을 불러일으킬 수 있다는 이유로 경기 중 히잡(hijab) 착용을 금지했었다. 그러나 국제축구연맹 부회장인 알리빈 알 후세인은 이러한 조치가 오히려 종교적인 역차별이라는 주장을 내세우며 제도의 개선을 요구하였다. 오늘날 국제축구연맹은 히잡을 쓴 이슬람권 여성 선수의 참가를 허용하고 있다.

① 윤리적 절대주의　　　　　② 윤리적 상대주의

③ 윤리적 의무주의　　　　　④ 윤리적 환원주의

[심화문제]

26 보기에서 A 투수의 판단에 영향을 준 윤리이론의 난점에 대한 설명으로 옳은 것은?

> 보기
>
> 보복성 빈볼을 지시받은 A 투수는 빈볼이 팀 전체에 이익을 줄 수는 있지만, 아무 잘못이 없는 상대 선수에게 위협을 가하거나 부상을 입히는 행위는 도덕적으로 옳지 않다고 판단했다.

① 결과에 의해 행위를 평가하는 까닭에 정의의 문제를 소홀히 다룰 수 있다.

② 도덕규칙 간의 갈등상황에서 실질적인 해결책을 제시하지 못할 수 있다.

③ 상식적이고 보편적인 도덕직관과 충돌하는 결론을 이끌어 낼 수 있다.

④ 자신의 쾌락추구가 선(善)이라고 해서 항상 전체의 쾌락추구도 선이라는 결론이 성립하지 않을 수 있다.

정답　24 : ④, 25 : ②, 26 : ②

27 동양사상과 윤리체계에 해당하지 않는 것은?

① 유교사상   ② 불교사상   ③ 묵가사상   ④ 기독사상

■④는 서양의 사상이다.

`필수문제`

28 '도덕적 선(善)'의 의미를 내포한 것은?

① 축구 경기에서 득점과 연결되는 '좋은' 패스
② 피겨스케이팅 경기에서 고난도의 '좋은' 연기
③ 농구 경기에서 상대 속공을 차단하는 수비수의 '좋은' 반칙
④ 경기에 패배했음에도 불구하고 상대팀에게 박수를 보내는 '좋은' 매너

■④ 경기에 패배했음에도 상대팀에게 박수를 보내는 좋은 매너는 '도덕적 선'이다.
■①, ②, ③은 뛰어난 경기기술을 뜻함.

`필수문제`

29 보기에서 스포츠에 관한 결과론적 윤리관에 해당하는 것으로만 고른 것은?

보기
㉠ 경기에서 지더라도 경기규칙은 반드시 준수해야 한다.
㉡ 개인의 최우수선수상 수상보다 팀의 우승이 더 중요하다.
㉢ 운동선수는 훈련과정보다 경기에서 승리하는 것이 더 중요하다.
㉣ 스포츠 경기는 페어플레이를 중시하기 때문에 승리를 위한 불공정한
행위를 해서는 안된다.

① ㉠, ㉢   ② ㉠, ㉣   ③ ㉡, ㉢   ④ ㉢, ㉣

■결과론적(목적론적) 윤리 : 어떤 행위의결과에 따라서 가치를 판단하는 윤리체계(p. 3 참조). ㉡과 ㉢
■㉠ : 의무론적 윤리관
■㉣ : 스포츠맨십

`심화문제`

30 보기에서 B 선수의 판단과정에 영향을 준 윤리이론은?

보기
강등 위기에 처한 프로축구팀 감독은 상대팀 주전공격수인 A 선수를 거칠게
수비하라는 지시를 B 선수에게 내렸다. B 선수는 자신의 파울로 인한 결과가
유용하고 A 선수 한 사람에게 주는 피해보다 소속팀 전체에게 이익을 줄 수
있다면 자신의 행동은 옳을 것이라고 생각했다.

① 덕윤리   ② 사회계약론
③ 의무론   ④ 공리주의

■전체의 이익을 중시하는 것이 공리주의이다.

정답   27 : ④, 28 : ④, 29 : ③, 30 : ④

31 보기에서 설명하는 윤리 이론으로 적절한 것은?

> 보기
> » 모든 스포츠인의 권리는 동등하게 보장되어야 한다.
> » 스포츠 규칙 제정은 공평성과 평등의 원칙에 근거해야 한다.
> » 선수의 행동이 좋은 결과를 얻었다면 도덕적으로 옳은 것이다.

① 공리주의   ② 의무주의   ③ 덕윤리   ④ 배려윤리

■ 공리주의(목적론적 윤리) : 어떤 행위의 결과에 따라서 가치를 판단하는 윤리체계

■ ①은 의무론적 윤리이다.
지영이는 덕론적 윤리 관점을 취하고 있으며, 그 특징은 다음과 같다.
· 개인의 자유 및 선택보다는 공동체와 전통 및 역사 중시
· 덕을 갖춘 성품과 공동체 구성원으로서의 인간의 삶에 관심
· 의무론과 공리주의를 비판하고 도덕적 행동의 실천은 행위자의 덕에 의해 정해진다고 봄
· 사람의 구체적인 성품과 인간 관계 중시
· 적절한 행동여부를 판단할 수 있는 지혜를 갖춘 사람 강조

필수문제

32 보기에서 지영이의 윤리적 입장에 대한 설명으로 적절하지 않은 것은?

> 보기
> 상화: 스포츠윤리는 선수들이 규칙과 도덕적 원리만 따르면 확립될 수 있다고 생각해.
> 지영: 아니야. 나는 스포츠윤리에서 중요한 것은 도덕적 원리가 아니라 행위자의 내면적 품성과 도덕적 행위의 실천이라고 생각해.

① 행위의 주체보다는 행위 자체에 초점을 맞추고 있다.
② 인간에게 내재되어 있는 감정을 도덕적 동기로 인정한다.
③ '무엇을 해야 하는가'보다 '어떻게 살아야 하는가'가 중요하다.
④ 인간 내면에 있는 도덕성의 근원과 개인의 인성을 중요시한다.

의무론적 도덕 추론
(=정언적 도덕 추론)
■ 결과에 상관없이 절대적인 의무와 원리, 즉 도덕규칙에 따라 판단한다.
■ 행위의 옳고 그름을 행위 그 자체의 옳고 그름 및 행위자의 의도와 동기로 판단한다 (즉 행위의 선 의지를 중요시한다)
※ 스포츠윤리(2009), 대경북스. pp. 26~29 참조.

필수문제

33 보기에서 의무론적 도덕 추론에 해당하는 것을 바르게 고른 것은?

> 보기
> ㉠ 의무론적 도덕 추론은 정언적 도덕 추론이라고도 한다.
> ㉡ 행위의 결과에 상관없이 절대적인 도덕규칙에 따라 판단을 내린다.
> ㉢ 행위를 함에 있어 유용성의 원리, 공평성의 원리 등이 적용된다.
> ㉣ 행위에 있어 선 의지가 중요하며, 목적은 수단을 정당화할 수 없다.
> ㉤ 행위의 옳고 그름은 그 행위로 인해 발생하는 결과에 따라 결정된다.

① ㉠, ㉡, ㉢   ② ㉡, ㉢, ㉤   ③ ㉠, ㉡, ㉣   ④ ㉠, ㉢, ㉤

정답   31 : ①, 32 : ①, 33 : ③

34 보기에서 의무론적 도덕 추론에 해당하는 것만을 모두 고른 것은?

> 보기
> ㉠ 의무론적 도덕 추론은 가언적 도덕 추론이라고도 한다.
> ㉡ 스포츠지도자, 선수 등의 행위 주체에 초점을 맞추고 있다.
> ㉢ 행위의 결과에 상관없이 절대적인 도덕규칙에 따라 판단을 내린다.
> ㉣ 선의지는 도덕적인 선수가 갖추어야 할 내적인 태도이자 도덕적 행위의 필요충분조건이다.
> ㉤ 정정당당하게 경기에 임하려는 선수의 착한 의지는 경기결과에 상관없이 그 자체로 선한 것이다.

① ㉠, ㉡, ㉢   ② ㉠, ㉢, ㉣   ③ ㉡, ㉣, ㉤   ④ ㉢, ㉣, ㉤

■ ㉠ 의무론적 도덕추론은 정언적 도덕추론이다.
■ 행위의 결과와 상관없이 행위 자체의 옳고 그름과 ㉡ 행위자의 의도와 동기로 판단한다.

35 스포츠에 있어서 경기 결과의 좋고 나쁨이 아니라 그 행위가 도덕적 의무를 준수했는가를 판단의 기준으로 하는 윤리이론은?

① 결과론적 윤리체계   ② 의무론적 윤리체계
③ 덕론적 윤리체계   ④ 목적론적 윤리체계

■ 의무론적 윤리체계 : 어떤 종류의 행동이 그 행동의 결과와 상관없이 옳거나 그르다고 주장하는 이론

36 보기의 사례에서 투수가 선택한 윤리체계는?

> 보기
> 야구경기 중 코치가 빈볼(머리를 겨누어 던지는 투구)을 지시했지만, 투수는 이것이 도덕원칙에 어긋난다고 생각하여 정상적으로 투구했다.

① 의무론   ② 결과론   ③ 인간중심주의   ④ 공리주의

■ 의무론은 어떠한 경우에서도 나쁜 일을 하면 안 된다는 주장으로 결과보다는 과정을 중시하는 철학이다.

37 보기에서 A선수의 판단과 관련이 있는 가장 적절한 윤리 이론은?

> 보기
> 심판은 페널티킥을 선언했다. A 선수는 심판에게 다가가 "상대선수의 발에 걸려 넘어진 것이 아니라 내가 스스로 넘어진 것이니 반칙이 아니다"라고 판정을 번복해 달라고 요청했다. 아무 잘못이 없는 상대에게 피해를 입히는 행위는 도덕적으로 옳지 않다고 판단했기 때문이다.

① 결과론   ② 의무론   ③ 상대론   ④ 계약론

■ 결과에 따라 가치를 판단하면 결과론, 도덕적 규칙에 따라 가치를 판단하면 의무론, 미덕과 악덕에 따라 가치를 판단하면 덕론

정답 34 : ④, 35 : ②, 36 : ①, 37 : ②

■ 덕윤리 : p. 4 참조

38 스포츠윤리 이론 중 덕윤리의 특징으로 적절하지 않은 것은?

① 스포츠 상황에서의 행위의 정당성보다 개인의 인성을 강조한다.
② 비윤리적 행위는 궁극적으로 스포츠인의 올바르지 못한 품성에서 비롯된다.
③ '어떠한 행위를 하는 선수가 되어야 하는가'보다 '무엇이 올바른 행위인지'를 판단하는 데 더 주목한다.
④ 스포츠인의 미덕을 드러내는 행동은 옳은 것이며, 악덕을 드러내는 행동은 그릇된 것으로 간주한다.

■ ③ 덕윤리는 "얼마나 좋은 인간이 되어야 할 것인가"에 초점을 맞춘다. 그런데 무엇이 올바른 행위인지의 판단은 의무론적 윤리관이다.

심화문제

39 보기에서 A 선수의 행위를 판단하는 윤리적 관점으로 옳은 것은?

> 보기
> 프로야구 A 선수는 매 경기마다 더위에 고생하고 있는 어린 볼보이들을 위해 시원한 음료를 제공했다.

① 의무론적 관점에서 A 선수의 행위는 선수로서 긍정적인 이미지를 구축하기 위한 행동으로 볼 수 있다.
② 덕론적 관점에서 A 선수의 행위는 유덕한 품성으로부터 나온 선한 행동으로 볼 수 있다.
③ 결과론적 관점에서 A 선수의 행위는 어린 볼보이들을 안쓰럽게 여겼기 때문에 나온 행동이라고 볼 수 있다.
④ 상대론적 관점에서 A 선수의 행위는 도덕법칙에 따라 행동한 것이라고 볼 수 있다.

■ A선수의 행위는 승패(결과론), 규칙(의무론)과는 아무런 상관이 없고, 미덕일 뿐이다.

■ 덕론적 윤리체계 : 어떤 행위를 한 사람의 덕성 판단을 중시하는 것

40 스포츠맨십, 페어플레이와 같은 윤리적 품성의 실천과 습관화를 강조하는 교육은?

① 정서교육   ② 인지교육   ③ 덕교육   ④ 지식교육

■ 덕교육 : 공동체와 조화를 이룰 수 있는 도덕적 습관을 형성하고, 각자의 상황에 따른 적절한 행동을 파악하는 실천적 지혜를 강조하는 교육

41 보기에서 제헌이가 주장하는 윤리이론에 대한 설명으로 옳지 않은 것은?

> 보기
> 유리: 스포츠윤리는 선수들이 규칙과 도덕적 원리만 따르면 확립되는 거 아니야?
> 제헌: 아니. 난 윤리에서 중요한 것은 행위자의 도덕적 원리가 아니라 행위자의 내면적 품성에 대한 판단이며, 도덕적 행위의 실천이라고 생각해.

① 행위의 주체보다는 행위 자체에 초점을 맞추고 있다.
② 행위자의 인성을 중시한다.
③ '무엇을 해야만 하는가'가 아니라 '어떻게 살아야 하는가'가 근본적인 질문이다.
④ 감정을 도덕적 동기로 인정한다.

■ 행위 자체보다 행위의 주체에 초점을 맞추고 있다.

정답 38 : ③, 39 : ②, 40 : ③, 41 : ①

42 보기의 ㉠, ㉡에 해당하는 유교 사상이 바르게 묶인 것은?

보기

㉠	공자는 "내가 원하지 않는 일을 남에게 하지 말라(己所不欲 勿施於人)"는 원리를 인간관계의 기본적인 행위 준칙으로 보았다. 내가 원하지 않는 것은 타인도 원하지 않을 것이라는 동등고려(equal consideration)의 원리는 스포츠맨십의 바탕이기도 하다. 스포츠맨십은 하지 말아야 할 행위를 하지 않는 것이 아니라 스스로 원하지 않는 것을 상대 선수에게 행하지 않는 원리를 실천하는 것이다.
㉡	사회구성원의 모든 행위가 그 이름(역할)에 적합하도록 행해야 한다는 도덕적 요구를 말한다. "임금은 임금답고 신하는 신하다우며, 아버지는 아버지답고 자식은 자식다워야 한다(君君臣臣 父父子子)"는 주문으로 각자에게 주어진 이름과 역할에 걸맞게 행동하라는 도덕적 명령이다. 스포츠인을 스포츠인답게 만드는 것이 곧 스포츠맨십이다.

	㉠	㉡
①	충(忠)	예시예종(禮始禮終)
②	서(恕)	정명(正名)
③	충(忠)	절차탁마(切磋琢磨)
④	서(恕)	극기복례(克己復禮)

■**서** : 자기가 하고 싶지 않은 일은 남에게 시키지 마라.
■**정명** : 실제 사물에 붙인 이름과 내실이 일치해야 한다.

43 보기에서 밑줄 친 A 선수의 입장과 관련된 맹자(孟子)의 사상으로 적절한 것은?

보기
태권도 국가대표선발 결승전. 먼저 득점하면 경기가 종료되는 서든데스(sudden death) 상황에서 A 선수가 실수로 경기장의 한계선을 넘었다. A 선수가 패배해야 할 상황이었지만 심판은 감점을 선언하지 않았다. 상대 팀 감독과 선수는 강력히 항의했으나 판정은 번복되지 않았고 경기는 계속 진행됐다. 결국 A 선수는 승리했지만, 부끄러운 마음에 팀 동료들과 승리의 기쁨을 나누지 않고 조용히 집으로 돌아갔다.

① 수오지심(羞惡之心)　　　　② 시비지심(是非之心)
③ 측은지심(惻隱之心)　　　　④ 사양지심(辭讓之心)

■**수오지심** : 자기의 옳지 못함을 부끄러워하고, 남의 옳지 못함을 미워하는 마음.
■**측은지심** : 남의 불행을 불쌍히 여기는 마음.
■**사양지심** : 겸손한 마음으로 받지 않거나, 남에게 양보하는 마음.
■**시비지심** : 옳고그름(시비)을 가릴 줄 아는 마음.

정답　42 : ②, 43 : ①

심화문제

44 마라톤경기 중 넘어진 경쟁자를 부축해주는 선수의 마음은?

① 수오지심(羞惡之心)   ② 사양지심(辭讓之心)

③ 시비지심(是非之心)   ④ 측은지심(惻隱之心)

■문제 43 참조

45 보기의 ㉠, ㉡과 관련된 맹자(孟子)의 사상이 바르게 연결된 것은?

보기
㉠ 농구 경기에서 자신과 부딪쳐서 부상을 당해 병원으로 이송되는 상대 선수를 걱정해 주는 마음
㉡ 배구 경기에서 자신의 손에 맞고 터치 아웃된 공을 심판이 보지 못해서 자기 팀이 득점을 했을 때 스스로 부끄러워하는 마음

	㉠	㉡
①	수오지심(羞惡之心)	측은지심(惻隱之心)
②	측은지심(惻隱之心)	수오지심(羞惡之心)
③	사양지심(辭讓之心)	시비지심(是非之心)
④	측은지심(惻隱之心)	사양지심(辭讓之心)

■문제 43 참조

필수문제

46 보기에서 설명하는 스포츠에 대한 입장으로 적절한 사상가는?

보기
승리지상주의가 팽배하는 현대 스포츠 현장에서 승리의 추구보다 스포츠 자체를 즐길 수 있도록 자기 자신을 낮추고 겸양과 배려로 상대를 대할 때, 진정한 의미의 스포츠윤리가 발현될 수 있다. 이를 위해서는 스포츠에서 인위적 제도나 구속이 최소화되도록 해야 하며, 윤리적 행위가 스포츠 자체를 통해 자연스럽게 발현되도록 해야 한다.

■노자의 도가사상은 자연에 순응하여 무위 (아무것도 인위적으로 하지 않음)의 삶을 살아 갈 것을 주장하고 있다. ※스포츠윤리(2009). 대경북스. p. 41 참조.

① 공자(孔子)   ② 맹자(孟子)

③ 순자(荀子)   ④ 노자(老子)

정답   44 : ④, 45 : ②, 46 : ④

※ [47~48] 보기는 고대 동양 사상가들의 윤리적 입장이다. 물음에 답하시오.

보기
㉠ 인(仁), 의(義), 효(孝), 우(友), 충(忠), 신(信), 관(寬), 서(恕), 공(恭), 경(敬)을 포함한 10가지 덕을 터득하여, 그 상황에서의 인식, 판단, 도덕적 행위를 선택할 수 있는 능력을 배양해야 한다.
㉡ 인(仁), 의(義), 예(禮), 지(智)가 도덕적 성향의 토대가 되면, 윤리적 사고가 필요한 상황에서 자연스럽게 실천적 행위가 가능하다.
㉢ 무릇 도(道)는 실재한다는 확실한 믿음이 있지만, 인위적인 행함이 없고, 그 형체도 없다. 마음으로 전할 수는 있으나, 형체가 있는 것처럼 주고받을 수는 없다.

47 ㉠과 ㉡의 입장에 대한 설명으로 적절하지 않은 것은?

① ㉠ : 정도(正道)를 지키기 위해 정정당당하게 승부한다.
② ㉡ : 상선약수(上善若水)를 중심으로 한 스포츠맨십을 중요시한다.
③ ㉠ : 선수 개인의 윤리와 함께 스포츠에서 제도의 중요성을 강조한다.
④ ㉡ : 부상 당한 선수를 도와주는 것은 본능적인 행동이기에 권장한다.

■ 상선약수는 최고의 선은 물과 같다는 뜻으로, 물의 성질을 최고의 이성적인 경지로 삼는 노자의 사상.

48 ㉢의 입장에서 ㉡에 대해 제기할 수 있는 반론으로 가장 적절한 것은?

① 지속적인 교육을 통해 넘어진 선수를 도와줄 수 있도록 만들어야 한다.
② 넘어진 선수를 도와줄 수 있도록 제도나 규정을 강화하여야 할 것이다.
③ 넘어진 선수를 부축하는 것은 순자(荀子)의 주장에 위배되는 행동이다.
④ 남의 눈치 때문에 다른 사람을 부축하기보다 내면의 윤리성이 중요하다.

■ 행동 자체보다 의도와 마음이 더욱 중요하다.

49 보기의 괄호 안에 공통으로 들어갈 용어는?

보기
» 칸트(I. Kant)에게 도덕성의 기준은 (　　　)이다.
» 칸트에 의하면, 페어플레이도 (　　　)이/가 없으면 도덕적이라 볼 수 없다.
» (　　　)은/는 도덕적인 선수가 갖추어야 할 내적인 태도이자 도덕적 행위의 필요충분 조건이다.

① 행복　　　　② 선의지　　　　③ 가언명령　　　　④ 실천

■ 칸트의 선의지 : 칸트가 본 도덕성의 기준임. 마음속으로 옳다고 믿고 따라하고자 하는 순수 동기에서 나온 의지, 즉 경향성을 따르지 않고 도덕 법칙에 의해 규정된 의지.
■ p. 7 참조

정답　47 : ②, 48 : ④, 49 : ②

50 보기의 (   ) 안에 들어갈 용어와 대표적인 사상가가 바르게 연결된 것은?

> 보기
> 스포츠에서 도덕법칙은 "승리를 원한다면 열심히 훈련하라.", "위대한 선수가 되기 위해서는 스포츠맨십에 충실하라." 등과 같이 가언적으로 주어지지 않고, 어떠한 경우에도 선수의 의무로서 반드시 행하라는 (   ) 명령의 형태로 존재한다.

① 공리적 – 칸트(I. Kant)　　　　② 공리적 – 밴덤(J. Bentham)
③ 정언적 – 칸트(I. Kant)　　　　④ 정언적 – 밴덤(J. Bentham)

■ 칸트의 도덕법칙(정언적 명령) : 행위의 결과에 구애받지 않고 그 자체가 선이므로 무조건 그 행위를 수행할 것이 요구되는 도덕적 명령.

■ 베버–책임윤리 : 선한 의지로 한 일이면 결과에 관계없이 괜찮다는 것이 심정윤리이고, 예견할 수 있는 결과에 대하여 엄격한 책임을 져야한다는 것이 책임윤리이다.
■ 요나스–책임윤리 : 책임을 중요시하여 예견할 수 있는 결과는 당연히 책임을 져야 하고, 설령 의도치 않은 결과에 대해서도 책임이 있다는 것이다.
■ 니부어–사회윤리 : 점잖은 사람이라도 예비군복만 입으면 다른 사람으로 변하듯이 개인윤리보다 사회윤리가 도덕성이 떨어진다.
■ 나딩스–배려윤리 : 남성들이 보편적 기준을 중시하는 것이 정의윤리이고, 여성들이 배려를 중시하는 것이 배려윤리이다.

■ 배려윤리 : 길리건 (Gilligan, C.)과 나딩스(Noddings, N.)가 배려와 인간관계 등의 가치를 강조한 윤리사상.

필수문제

51 보기의 상황과 관련된 학자와 이론이 바르게 연결된 것은?

> 보기
> 학생선수 A는 양심적으로 교칙을 준수하고, 다친 친구 대신 가방을 들어주는 등 도덕적 성품을 지니고 있다. 하지만 축구 경기에서는 상대 선수를 심판 모르게 공격하는 등 반칙을 하거나 상대 선수를 배려하지 않고 팀의 이익을 위해 행동하는 팀 분위기에 동화되고 있다.

① 베버(M. Weber) – 책임윤리　　② 요나스(H. Jonas) – 책임윤리
③ 니부어(R. Niebuhr) – 사회윤리　④ 나딩스(N. Noddings) – 배려윤리

필수문제

52 보기에서 설명하는 윤리 이론은?

> 보기
> » 윤리적 가치의 근거를 페미니즘에서 찾음
> » 이성의 윤리가 아닌 감성의 윤리
> » 경기에 처음 출전하는 후배를 격려하는 선배의 친절
> » 근육 경련을 일으킨 상대 선수를 걱정하고 보살피는 행위
> » 타자의 요구와 정서에 공감하고 대응하는 것이 도덕의 출발임

① 공리주의　　　② 의무주의　　　③ 배려윤리　　　④ 대지윤리

정답 　50 : ③, 51 : ③, 52 : ③

필수문제

53 보기에서 A선수의 판단 근거가 되는 윤리이론의 난점에 관한 설명으로 적절한 것은?

> 보기
> 농구경기 4쿼터 종료 3분 전, 감독에게 의도적 파울을 지시받은 A선수는 의도적 파울이 팀 승리에 기여할 수 있지만, 상대 선수에게 위협을 가하거나 자칫 부상을 입힐 수 있기 때문에 도덕적으로 옳지 않다고 판단했다.

① 사회 전체의 이익을 고려하지 않는 경우가 발생한다.
② 상식적이고 보편적인 도덕직관과 충돌하는 판단을 내릴 수 있다.
③ 행위의 결과를 즉각 산출하기 어려울 경우에 명료한 지침을 제시하지 못할 수 있다.
④ 도덕을 수단적으로 인식한다는 점에서 근본적인 도덕개념들과 양립하기 어렵다.

■ 보기는 의무론적 윤리 이론의 난점을 설명한 것임. 이것은 사회 전체의 이익을 고려하지 않을 경우에 발생한다.
■ 의무론적 윤리 → p. 4 참조

필수문제

54 보기에서 ㉠, ㉡에 들어갈 용어가 바르게 연결된 것은?

> 보기
> 롤스(J. Rawls)는 (㉠)이 인간 발전의 조건이며, 모든 이의 관점에서 선이 된다고 하였다. 스포츠는 신체적 (㉡)을 훈련과 노력으로 극복하며, 기회의 균등이 정의로 작용하고 있음을 보여준다.
> 즉 인간이 갖는 신체적 능력의 (㉡)은 오히려 (㉠)을 개발할 기회를 마련해주며, 이를 통해 스포츠 전체의 선(善)이 강화된다.

	㉠	㉡		㉠	㉡
①	탁월성	평등	②	규범성	조건
③	탁월성	불평등	④	규범성	불평등

■ **롤스의 정의의 원칙**
롤스는 공정한 사회로서 갖추어야 할 두 가지 기본원칙으로 자유의 배분에 관한 것(제1원칙)과 사회적·경제적 배분에 관한 것(제2원칙)을 제시하였다.
제1원칙은 사람들이 기본적 자유를 평등하게 나누어 가져야 한다는 것이다.
제2원칙은 사회의 직위·직책은 모든 사람에게 개방되고, 사회경제적 불평등은 최소 수혜자의 입장을 개선시키는 한도 내에서 정당화될 수 있다는 차등 원칙(the difference principle)이다.
다시 말하면 모든 사람에게는 똑같은 기회가 주어져 있고, 만약 불평등한 제도가 있다면 그 제도는 사회의 혜택을 못 받는 사람들에게도 이익이 되고, 그에 관한 모든 절차가 공개되어 있을 때만 허용될 수 있다는 것이다. 따라서 인간 발전의 조건은 탁월성인데, 이것이 모든 사람의 관점에서 선이 된다고 하였다. 스포츠는 신체적 불평등을 훈련과 노력으로 극복하므로, 기회 균등이 정의로 작용한다. 즉 인간의 신체적 능력의 불평등은 오히려 탁월성을 개발할 기회를 주는데, 이것을 통하여 스포츠 전체의 선이 강화된다고 하였다.

정답 53 : ①, 54 : ③

55 보기에서 설명하는 롤스(J. Rawls)의 '정의의 원칙'으로 가장 적절한 것은?

> 보기
> 상대적으로 사회적 약자인 저소득층 자녀들에게 지역의 사설 스포츠 센터 무료 이용권, 건강운동 강좌 수강이 가능한 스포츠 바우처(voucher)를 제공하여 누구나 경제적 형편에 상관없이 공평하게 스포츠를 누릴 수 있도록 정책을 마련한다.

① 자유의 원칙   ② 차등의 원칙
③ 기회균등의 원칙   ④ 원초적 원칙

56 보기의 ㉠, ㉡에 해당하는 정의의 유형은?

> 라우 : 스포츠는 ㉠ <u>동등한 조건의 참가와 동일한 규칙의 적용이 이루어져야 해.</u> 그렇지 않으면 정의의 원칙에 어긋나게 되거든.
> 형린 : 그런데 모든 것이 동등하지는 않아. 피겨스케이팅과 다이빙에서 ㉡ <u>높은 난이도의 연기를 펼친 선수는 그렇지 않은 선수보다 더 높은 점수를 받아야해.</u> 이것도 정의의 원칙이라고 할 수 있어.

	㉠	㉡		㉠	㉡
①	분배적	절차적	②	평균적	분배적
③	평균적	절차적	④	분배적	평균적

57 보기의 ㉠~㉢에 해당하는 정의의 유형이 바르게 연결된 것은?

> 보기
> ㉠ 유소년 축구 생활체육지도자 A는 남녀학생 구분없이 경기에 참여하도록 했다. 또한 장애 학생에게도 비장애 학생과 동일한 참여 시간을 보장했다.
> ㉡ 테니스 경기에서는 공정한 경기를 위해 코트를 바꿔가며 게임을 하도록 규칙을 적용한다.
> ㉢ B지역 체육회는 당해 연도에 소속 선수의 경기실적에 따라 연봉을 차등 지급하기로 결정했다.

	㉠	㉡	㉢		㉠	㉡	㉢
①	평균적	절차적	분배적	②	평균적	분배적	절차적
③	절차적	분배적	분배적	④	분배적	절차적	평균적

정답 (55 : ②, 56 : ②, 57 : ①)

■경제사회의 가장 열악한 계층에게 최대 이익이 돌아갈 수 있도록 재화를 분배하는 것이 차등의 원칙(제원칙)이다.

■아리스토텔레스의 3가지 정의
· 평균적 정의 : 인간은 인간으로서 동일한 가치를 가지고 있으므로 모든 사람은 평등하게 다루어져야 함. 급부와 반대급부의 균형, 범죄와 형벌의 균형 등을 도모함. 적용할 때 개인차는 문제시하지 않음.
· 일반적 정의(절차적 정의) : 사회는 개인들 간에는 서로 권리를 존중해 주어야 하고, 개인은 국가와 사회에 대해 의무를 다해야 함. 조직 구성원에게 주는 보상의 결정절차에 대한 공정성. 절차(과정, 노력)에 논점을 둠.
· 배분적(분배적) 정의 : 능력이나 사회의 공헌도에 따른 대우를 받아야 함. 누구나 수긍할 만한 원칙과 공정한 질차를 진제로 정당하게 분배하는 것

58 보기의 ㉠, ㉡과 스포츠에서의 정의(justice)에 대한 개념을 바르게 연결된 것은?

보기
㉠ 핸드볼 – 양 팀에 동일한 골대의 규격을 적용
㉡ 테니스 – 시합 전 동전 던지기로 선공/후공을 결정

㉠	㉡	㉠	㉡
① 평균적 정의	절차적 정의	② 분배적 정의	평균적 정의
③ 평균적 정의	분배적 정의	④ 분배적 정의	절차적 정의

■ 56번 문제 참조.

59 보기에서 설명하는 정의의 유형은?

보기
다이빙, 리듬체조, 피겨스케이팅 등의 종목은 기술 난이도에 따라 차등적으로 점수를 받는다. 경기 수행이 어려울수록 더 많은 점수(가산점)를 받는다. 다만 이 경우 모든 참가자가 동의할 수 있는 절차가 마련되어 있어야 한다.

① 자연적 정의 ② 평균적 정의 ③ 절차적 정의 ④ 분배적 정의

■ 56번 문제 참조.

60 보기에서 설명하고 있는 정의의 유형은?

보기
동등한 기회 보장을 강조하는 공정성의 원리는 바람이나 햇볕 같은 통제 불가능한 외적 요인으로 인해 실현되지 않을 수 있다. 이와 같은 불평등은 테니스에서 동전을 던져 코트를 결정하거나, 축구에서 전·후반 진영 교체와 같은 방법을 통해 해소될 수 있다.

① 절차적 정의 ② 평균적 정의 ③ 분배적 정의 ④ 법률적 정의

■ 정의는 불평등과 반대되는 용어이다. 분배적 정의는 경제에서, 법률적 정의는 '법 앞에서 만인이 평등'을 의미한다.

61 보기의 괄호 안에 들어갈 정의(justice)의 유형은?

보기
운동선수의 신체는 훈련으로 만들어지기도 하지만 유전적 요인으로 결정되는 경우가 많다. 농구와 배구선수의 키는 타고난 우연성에 해당한다. 일반적으로 스포츠 경기에서는 이러한 불평등 문제에 (   ) 정의를 적용하지 않는다. 왜냐하면 스포츠는 전적으로 개인의 자발적인 선택의 문제이기 때문이다.

① 자연적 ② 절차적 ③ 분배적 ④ 평균적

■ 평균적 정의는 누구나 동등하게 스포츠에 참여할 수 있는 기회를 갖는다는 가치로 적용됨. 그러나 스포츠는 보기와 같이 신장과 같이 통제할 수 없는 자연적 현상 때문에 동등한 결과를 줄 수 없으므로 평균적 정의를 적용할 수 없다.
■ 56번 문제 참조.

정답 58 : ①, 59 : ④, 60 : ①, 61 : ④

■ 도덕 원리의 검토 (비판적 사고) 방법
· ㉠ 보편화 결과 검토 : 모두가 선택한 원리에 따라 행동하는 것을 생각해보기
· ㉡ 역할 교환 검토 : 입장을 바꿔서 생각해보기
· 포섭 검토 : 제시된 도덕적 판단이 보다 일반적인 도덕적 판단에 포함되는지의 여부를 검토해보기
· 반증 사례 검토 : 도덕 원리가 반대로 적용되는 사례를 제시하기

필수문제

62 보기의 ㉠, ㉡에 해당하는 도덕 원리의 검토 방법이 바르게 묶인 것은?

보기
㉠ '나 혼자 의도적 파울을 하는 것은 괜찮겠지'라는 판단은 '모든 선수가 의도적 파울을 한다면'이라는 원리에 비추어 검토한다.
㉡ '부상당한 선수를 무시하고 경기를 진행하라'는 주장의 지시에 '자신이 부상당한 경우를 가정하여 판단해보라'고 이야기한다.

	㉠	㉡
①	포섭 검토	보편화 결과의 검토
②	반증 사례의 검토	포섭 검토
③	역할 교환의 검토	반증 사례의 검토
④	보편화 결과의 검토	역할 교환의 검토

■ 맥페일 : 인본주의를 주축으로하여 행동주의를 약간 결합시킨 이론. 도덕적 가치들은 중요한 타자들이 우리와 다른 사람들에 대해 어떻게 행동하는가를 관찰하는 것에 의해 학습된다. 도덕적 가치들은 교사의 모범을 포함한 타자들의 모범으로부터 학습된다.
■ 피터스 : 교육은 가치가 있으며, 교육으로 사람을 변화시킬 수 있다고 주장하여 교육개념 속에 있는 가치를 도덕적으로 알맞은 방법으로 사용하여 의도적으로 전달할 수 있다고 하였다.
■ 피아제 : 인지발달 이론
· 1단계 : 벌과 복종
· 2단계 : 상대적 쾌락주의
· 3단계 : 개인상호간의 동조 지향
· 4단계 : 사회질서와 권위 지향
· 5단계 : 권리우선과 사회 계약
· 6단계 : 보편적 윤리원칙 지향
· 7단계 : 우주적 영생 지향
■ 콜버그 : 65번 문제 참조

필수문제

63 보기의 (   ) 안에 들어갈 사상가는?

보기
(   )은/는 "도덕적 가치들은 중요한 타자들(significant others)이 어떻게 행동하고 있는가를 관찰하는 것에 의하여 학습된다."고 하였다. 스포츠 도덕교육에서 스포츠지도자는 중요한 타자에 해당된다. 스포츠의 도덕적 가치는 스포츠지도자의 도덕적 모범에 의해 학습되어지며, 참여자는 스포츠지도자를 통해 관찰학습과 사회적 모델링을 하게 된다.

① 맥페일(P. McPhail)
② 피아제(J. Piajet)
③ 피터스(R. Peters)
④ 콜버그(L. Kohlberg)

정답 62 : ④, 63 : ①

필수문제

64 보기에서 ㉠, ㉡에 들어갈 용어가 바르게 연결된 것은?

보기
독일의 철학자 (㉠)는 인간의 행위에 대한 탐구를 통해 성공적인 삶을
실현하는 사회적 조건으로 (㉡)을 들고 있다.
인간은 누구나 타인에게 (㉡)을 받고 싶은 욕구가 있다.
스포츠에서 승리에 대한 욕구는 가장 원초적인 (㉡)투쟁이라고 할 수 있다.

	㉠	㉡
①	호네트(A. Honneth)	인정
②	호네트(A. Honneth)	보상
③	아렌트(H. Arendt)	인정
④	아렌트(H. Arendt)	보상

■ 호네트 : 인정 투쟁은 긍정적 삶의 조건이라고 한 독일의 사회철학자.
■ 호네트는 인간 사회에서 성공적 삶을 실현하는 사회적 조건을 인정(認定)으로 보았다. 인간은 누구나 타인에게 인정받고 싶은 욕구가 있는데, 스포츠에서 승리를 위한 욕구가 가장 원초적인 인정투쟁이라 하겠다.

필수문제

65 사상가와 스포츠를 통한 도덕교육 방법이 바르게 연결되지 않은 것은?

① 루소(J. Rousseau) – 어린 시절부터 다양한 신체활동을 통해 성평등, 동료애, 공동체에서의 협력과 책임을 지는 습관을 길러준다.

② 베닛(W. Bennett) – 스포츠 상황에서 발생하는 다양한 사건에 대한 논리적 추론과 가치명료화 등을 통해 도덕적 판단능력을 길러준다.

③ 위인(E. Wynne) – 스포츠 경기의 전통을 이해하고, 규칙 준수 등의 바람직한 행동을 습관화할 수 있도록 가르친다.

④ 콜버그(L. Kohlberg) – 스포츠에서 발생하는 도덕적 딜레마에 대한 토론을 통해 도덕적 갈등상황을 이해하고, 자율적으로 대처할 수 있도록 가르친다.

■ 베닛은 도덕적 사회화를 주장. 가치중립적이고 도덕적 상대주의적 접근. 가치명료화 비판

정답 64 : ①, 65 : ②

■ 레스트의 도덕성 구성요소
· 제1요소(도덕적 감수성) : 도덕적인 반응을 필요로 하는 상황인지 아닌지를 지각할 수 있는 능력.
· 제2요소(도덕적 판단력) : 특정 행동이 도덕적으로 옳은지 그른지를 판단할 수 있는 능력.
· 제3요소(도덕적 동기화) : 도덕적으로 동기화(어떤 일에 관심이 있고, 어떤 일을 더 가치있게 생각하느냐)되면 자신의 도덕관을 반영할 수 있는 도덕적 행동을 선택하게 되는 능력.
· 제4요소(도덕적 품성, 도덕적 성격) : 자신이 선택한 도덕적 행동을 실천에 옮길 수 있는 기술과 실행 능력.

66 보기의 ㉠에 해당하는 레스트(J. Rest)의 도덕성 구성요소는?

> 보기
> **상빈** : 직업 선수에게 가장 중요한 것은 무엇이라고 생각해?
> **미라** : 연봉이지! 직업 선수의 연봉이 그 선수의 능력을 나타내는 것이라고 생각해. 나는 작년 성적이 좋아서 올해 연봉이 200% 인상되었어.
> **은숙** : 연봉은 매우 중요하지. 하지만 ㉠ 나는 연봉, 명예 등의 가치보다 스포츠인으로서 스포츠맨십과 페어플레이가 가장 중요한 가치라고 생각해.

① 도덕적 감수성(moral sensitivity)
② 도덕적 판단력(moral judgement)
③ 도덕적 동기화(moral motivation)
④ 도덕적 품성화(moral character)

67 보기의 ㉠에 해당하는 레스트(J. Rest)의 도덕성 구성요소는?

> 보기
> (㉠   )은/는 스포츠 현장에서 발생하는 특정 상황 속에 내포된 도덕적 이슈들을 감지하고 그 상황에서 어떠한 행동을 할 수 있으며 그 행동들이 관련된 사람들에게 어떤 영향을 미칠 수 있는가를 상상하는 것을 말한다.

① 도덕적 감수성(moral sensitivity)
② 도덕적 판단력(moral judgement)
③ 도덕적 동기화(moral motivation)
④ 도덕적 품성화(moral character)

정답 66 : ③, 67 : ①

68 보기는 레스트(J. Rest)의 도덕성 4 구성요소 모형을 스포츠윤리 교육에 적용한 내용이다. ㉠, ㉡에 해당하는 것으로 바르게 연결된 것은?

보기

1. 도덕적 민감성(moral sensitivity) : 스포츠 상황에서 도덕적 딜레마를 지각하게 하는 것
2. 도덕적 판단력(moral judgement) : 스포츠 상황에서 옳고 그름을 판단하게 하는 것
3. (㉠) : (㉡)
4. 도덕적 품성화(moral character) : 스포츠 상황에서 장애요인을 극복하여 실천할 수 있는 강한 의지, 용기, 인내 등의 품성을 갖게 하는 것

	㉠	㉡
①	도덕적 추론화 (moral reasoning)	상대 선수와 팀을 존중하게 하는 것
②	도덕적 동기화 (moral motivation)	상대 선수의 의도적 반칙에 반응하게 하는 것
③	도덕적 추론화 (moral reasoning)	감독의 부당한 지시를 도덕적 문제상황으로 감지하게 하는 것
④	도덕적 동기화 (moral motivation)	다른 가치보다 정정당당하게 경기하는 것에 가치를 두게 하는 것

■ 도덕적 감수성, 판단력, 동기화, 품성화가 Rest의 도덕적 구성의 4요소이다.
· **도덕적 동기화** : 도덕적 가치를 다른 가치보다 우선시하는 것
■ 66번 문제 참조.

정답 68 : ④

경쟁과 페어플레이

 아곤(agon)과 아레테(aretē)의 차이

아곤	아레테
» 자유로운 경쟁과 승리 추구	» 덕 · 탁월함 · 훌륭함을 추구
» 스포츠 경기의 경우 일반적인 경쟁 스포츠에 해당됨.	» 경쟁스포츠뿐만 아니라 극기스포츠와 미적 스포츠도 해당됨.
» 경쟁 상대와 비교하여 자신의 가치 평가	» 타인과의 경쟁이나 비교없이 자신만의 고유 기능으로 가치 평가
	» 아곤보다 더 포괄적인 개념임.
	» 승리지상주의를 막기 위해 아레테를 중시함.

스포츠맨십

☞ 스포츠맨십은 스포츠맨이라면 마땅히 따라야 할 준칙과 갖추어야 할 태도를 의미하므로, 다른 말로 표현하면 스포츠도덕이다.

☞ 놀이에서의 스포츠도덕은 규칙의 자발적 준수, 즉 공정하게 경기에 임하려는 의지와 태도이다.

☞ 경쟁에서의 스포츠도덕은 극단적인 경쟁상황에서도 스포츠 자체를 존중하고, 경쟁상대를 인격체로 대하고자 하는 의지와 태도이다.

페어플레이(공정시합, fair play)

☞ 경기할 때 공정하게 하는 것이 페어플레이이고, 거래할 때 공정하게 하는 것이 페어트레이드(공정거래)이다.

☞ 페어플레이 정신은 결과에 초연하고 과정을 중시하는 삶의 태도에서 비롯되었다.

☞ 참가자들이 동등한 조건에 있어야 한다는 것을 전제로 한다.

공정시합에 대한 견해 차이

☞ 형식주의……정해져 있는 규칙을 어기지 않고 경기를 하면 페어플레이로 본다.

☞ 비형식주의……경기종목마다 경기를 실천하는 규칙과 관습이 있고, 관습은 윤리적인 면도 포함하므로 관습을 잘 지키면 페어플레이로 본다.

☞ 형식주의는 지나치게 경기규칙만을 강조해서 윤리적으로 비난을 받을 수도 있고, 비형식주의는 공정과 불공정을 구분하기 어렵다는 단점이 있다.

💡 의도적 반칙

☞ 반칙을 함으로써 기대되는 어떤 것을 얻고자 계획적이면서도 의도적으로 반칙을 하는 행위이다.

☞ 농구의 반칙작전처럼 작전의 하나로 의도적 반칙을 할 수도 있기 때문에 무조건 비난받을 행위는 아니다.

💡 승부조작(match fixing)

☞ 금전 같은 '경기 외적 이득'을 얻을 목적으로 경기 전에 경기결과를 미리 정해 놓고 경기과정을 왜곡시키는 행위이다.

☞ 승부조작은 경쟁적 스포츠의 가치를 근본적으로 훼손시키는 행위이고, 윤리적으로나 도덕적으로 비난받을 행위일 뿐만 아니라 범죄행위이다.

💡 스포츠 에토스

☞ 에토스는 도덕성을 의미하며, 사람이 윤리적으로나 도덕적으로 바르게 살려고 노력하는 원동력이 바로 에토스이다.

☞ 스포츠 에토스를 실현하려면
　》 경기의 본질에서 벗어나는 목적을 추구하지 않는다.
　》 규칙에 없더라도 불편부당한 이득을 발생시키는 행위를 하지 않는다.
　》 최선을 다 하지 아니함으로써 상대 · 동료 · 심판 · 지도자 · 관중의 기대를 저버리면 안 된다.

💡 놀이의 구분

　네덜란드의 호이징가(John Huizinga)가 인간은 본질적으로 유희를 추구하고, 인간 문명의 원동력은 바로 '놀이'라고 주장하는 "호모 루덴스(놀이 하는 인간)"라는 논문을 발표했다. 거기에서 놀이를 다음 4종류로 구분하였다.

일링크스(ilinx)	무아지경과 몰입의 상태를 즐기는 놀이(몰입놀이)
알레아(alea)	운에 맡기는 놀이(확률놀이)
아곤(agon)	규칙을 지키면서 경쟁하는 놀이(경쟁놀이)
미미크리(mimicry)	따라하거나 모방하는 놀이(역할놀이)

01 보기의 ㉠, ㉡에 들어갈 용어로 바른 것은?

보기
스포츠에는 (㉠)적 요소와 (㉡)적 요소가 모두 내재되어 있다.
(㉠)적 요소는 경기에 긴장과 흥미를 불러일으킨다. 선수들은 승리하려는 강렬한 욕망으로 인해 경기에 몰입하고, 스포츠팬들 역시 승부로 인해 응원의 동기를 갖게 된다. 그러나 경쟁심이 과열되고 승리가 절대화될 경우 제도화된 규칙이 무시될 우려가 있으며, 스포츠는 폭력의 투쟁으로 변질될 수 있다. 이것이 스포츠에서 (㉠)적 요소보다 (㉡)적 요소를 더욱 중시하는 이유이다.

■아곤 : 자유로운 경쟁, 경쟁상대와 비교하여 가치평가, 일반적인 경쟁스포츠.
■아레테 : 덕·탁월함·훌륭함을 의미, 타인과 경쟁이나 비교가 없음. 극기스포츠.

	㉠	㉡
①	일링크스(linx)	미미크리(mimicry)
②	아곤(agon)	아레테(aretē)
③	도덕(morality)	윤리(ethics)
④	가치판단(value judgement)	사실판단(factual judgement)

02 아곤(agon)과 아레테(arete)에 관한 설명으로 옳지 않은 것은?

① 아곤은 경쟁과 승리를 추구한다.
② 아곤은 타인과의 비교를 전제하지 않는다.
③ 아레테는 아곤보다 더 포괄적인 개념이다.
④ 아레테는 신체적·도덕적 탁월성을 추구한다.

■② 아곤은 경쟁상대와 비교하여 가치를 평가함.

03 보기에서 ( ) 안에 들어갈 용어로 적절한 것은?

보기
운동선수로서 아무리 뛰어난 능력을 갖추었더라도 인간의 본질인 도덕성(덕)이 부족하면 훌륭한 선수가 될 수 없다. 이런 까닭에 운동선수에게는 두 가지 ( )이/가 동시에 요구된다. 즉 신체적 탁월성과 도덕적 탁월성을 겸비하였을 때 비로소 훌륭한 선수가 되는 것이다.

■아레테는 덕·탁월함·훌륭함을 추구하며, 타인과의 경쟁없이 자신의 고유한 기능으로 가치를 평가한다. 따라서 도덕적·육체적 탁월성을 겸비하여야 훌륭한 선수가 될 수 있다.

① 아곤(agon) ② 퓌시스(physis) ③ 로고스(logos) ④ 아레테(aretē)

정답 (01 : ②, 02 : ②, 03 : ④)

04 스포츠 상황에서 아레테(aretē)가 갖는 의미와 거리가 먼 것은?

① 선수의 덕성
② 지도자의 탁월성
③ 선수의 최적의 기능수준
④ 상대와의 경쟁을 통한 승리추구

■경쟁은 아곤이고, 덕·탁월·훌륭함은 아레테이다.

필수문제

05 보기의 설명 중에서 옳은 것을 모두 고른 것은?

보기
㉠ 스포츠경기의 목적은 자유로운 경쟁을 의미하는 아곤(agon)을 추구하는 것이다.
㉡ 스포츠경기의 목적은 덕·탁월함·훌륭함을 의미하는 아레테(arete)를 추구하는 것이다.
㉢ 스포츠경기에는 아곤적 요소와 아레테적 요소가 모두 있지만, 아레테를 더 중요시해야 한다.
㉣ 아곤은 경쟁하는 상대의 성과와 비교함으로써 가치가 평가되지만, 아레테는 타인과의 경쟁이나 비교가 없어도 추구할 수 있다.

① ㉠, ㉡, ㉣   ② ㉠, ㉡, ㉢, ㉣
③ ㉢, ㉣   ④ ㉡, ㉢, ㉣

■모두 옳다.

심화문제

06 보기에서 괄호 안에 들어갈 용어는?

보기
스포츠 선수의 (   )은/는 자신에게 주어진 모든 가능성을 최대한 활용하여 최고의 실력을 정당하게 발휘하고자 하는 마음가짐과 태도라고 할 수 있다.

① 로고스(logos)   ② 에토스(ethos)
③ 아곤(agon)   ④ 아레테(aretē)

07 카이요와(R. Caillois)가 구분한 놀이의 요소 중 경쟁성을 기반으로 하는 스포츠와 관련 있는 것은?

① 아곤(Agon)   ② 미미크리(Mimicry)
③ 알레아(Alea)   ④ 일링크스(Ilinx)

■경쟁성을 기반으로 하는 것은 아곤이다.

정답 ﹥ 04 : ④, 05 : ②, 06 : ④, 07 : ①

■ 아곤은 경쟁, 아레테는 덕 또는 탁월함, 에토스는 기풍 또는 정신, 알레아는 던져진 주사위(우연적인 놀이)를 의미한다.

■ 아레테는 타인과 비교하지 않아도 추구하는 것으로, 탁월성 또는 덕이라고 할 수 있다.

08 스포츠 또는 스포츠윤리와 가장 거리가 먼 것은?

① 아곤(agon)
② 아레테(aretē)
③ 알레아(alea)
④ 에토스(ethos)

09 운동선수가 갖추어야 할 덕목으로서 탁월성 또는 덕으로 번역될 수 있는 용어는?

① 에토스(ethos)
② 아곤(agon)
③ 아레테(aretē)
④ 로고스(logos)

필수문제

10 그림은 스포츠윤리규범의 구조이다. ㉠~㉢에 해당하는 용어가 바르게 연결된 것은?

	㉠	㉡	㉢
①	규칙준수	스포츠맨십	페어플레이
②	스포츠맨십	페어플레이	규칙준수
③	페어플레이	규칙준수	스포츠맨십
④	스포츠맨십	규칙준수	페어플레이

■ 스포츠맨십 : 12번 문제 참조
■ 페어플레이 : 15번 문제 참조
■ 규칙 준수 : 규칙은 스포츠에서 제도화된 것으로, 행위 시에 지켜야 할 규정임과 동시에 시합 성립의 조건이다.

심화문제

11 보기의 내용과 관련 있는 용어는?

보기
» 상대 존중, 최선, 공정성 등을 포함
» 경쟁이 갖는 잠재적 부도덕성의 제어
» 스포츠 참가자가 마땅히 따라야 할 준칙과 태도
» 스포츠의 긍정적 가치를 유지하려는 도덕적 기제

① 테크네(techne)
② 젠틀맨십(gentlemanship)
③ 스포츠맨십(sportsmanship)
④ 리더십(leadership)

■ 테크네 : 기술, 능숙함 혹은 예술을 뜻함.
■ 젠틀맨십 : 신사도
■ 리더십 : 조직체를 이끌어 나가는 지도자의 역할, 자질.

정답 08 : ③, 09 : ③, 10 : ②, 11 : ③

12 스포츠맨십(sportsmanship) 행위가 아닌 것은?

① 패자에게 승리의 우월성 과시
② 악의없는 순수한 경쟁
③ 패배에 대한 겸허한 수용
④ 승자에 대한 아낌없는 박수

■ 스포츠맨십은 경쟁 상대를 인격체로 대해야 하는 것인데, ①과 같은 행위는 스포츠맨십이 아님.

13 스포츠맨십에 대한 설명으로 옳지 않은 것은?

① 페어플레이에 비해 보다 구체적이고 상대적인 윤리규범이다.
② 일반적인 도덕규범을 통해 경쟁의 부정적인 요소를 억제하는 태도이다.
③ 경기에서 일반적인 윤리덕목을 지키고 강화하려는 정신이다.
④ 이상적인 신사(gentleman)의 인간상이 스포츠에 적용되면서 만들어진 가치이다.

■ 스포츠맨십은 일반적인 도덕규범이 아니라 스포츠라고 하는 특수한 상황하에서의 도덕규범이다.

14 스포츠의 가장 포괄적인 도덕규범으로 볼 수 있는 것은?

① 규칙의 준수
② 스포츠맨십
③ 아마추어리즘
④ 상대선수의 존중

필수문제

15 보기에서 설명하는 스포츠윤리 규범은?

보기
스포츠의 규범은 근대스포츠의 탄생과 밀접한 연관을 갖는다. 규칙의 준수가 근대 시민 계급의 도덕성 함양에 기여할 수 있다고 여겨지면서 하나의 윤리 규범으로 정착하였다. 특히 진실과 성실의 정신(spirit of truth and honesty)을 바탕으로 경기에 임하는 도덕적 태도와 같은 의미로 쓰이면서 오늘날 스포츠의 보편적인 윤리 규범이 되었다.

① 유틸리티(utility)
② 테크네(techne)
③ 젠틀맨십(gentlemanship)
④ 페어플레이(fairplay)

■ 오늘날 스포츠의 보편적인 윤리규범은 페어플레이다.

정답 12 : ①, 13 : ①, 14 : ②, 15 : ④

16 페어플레이의 설명으로 바르지 않은 것은?

① 영국의 귀족과 신사가 스포츠를 할 때 강조한 것이다.
② 공정한 시합이라는 의미다.
③ 보편적인 스포츠윤리라고 말할 수 없다.
④ 행위나 동작을 강조할 때 공정행위로 표현할 수 있다.

■ 페어플레이는 보편적인 스포츠윤리라고 할 수 있다.

17 페어플레이에 대한 설명으로 적절하지 않은 것은?

① 선수 개인의 의도나 목적에 따라 변화하는 도덕적 행위이다.
② 규칙 준수, 상대 존중 등 근대적 시민의 도덕규범과 일치한다.
③ 규칙의 준수로서 페어플레이는 행위에 대한 요구와 제재를 의미한다.
④ 패자 앞에서 과도한 승리 세리모니를 하는 것은 규범으로서의 페어플레이를 위반한 것이다.

■ 선수 개개인의 의도와 목적에 따라 변화하면 페어플레이가 아니다.

18 보기의 ㉠, ㉡에 알맞은 용어는?

> 보기
> » (㉠)은/는 스포츠인이 마땅히 지켜야 할 준칙과 갖추어야 할 태도를 의미한다.
> » (㉡)은/는 스포츠인이 지켜야 할 정정당당한 행위로서 경쟁자에 대한 배려를 포함한다.
> » 이처럼 (㉠)은/는 (㉡)에 비해 보다 일반적이고, 보편적인 윤리규범이라 할 수 있다.

① ㉠ 페어플레이, ㉡ 스포츠맨십   ② ㉠ 스포츠맨십, ㉡ 페어플레이
③ ㉠ 규칙준수, ㉡ 페어플레이   ④ ㉠ 규칙준수, ㉡ 스포츠맨십

■ 스포츠맨십은 스포츠인 개인에 대한 것이고, 페어플레이는 경쟁자에 대한 것이므로 좀더 보편적인 윤리규범이다.

19 공정시합에 관한 견해 중 비형식주의에 대한 설명으로 가장 적절한 것은?

① 명확한 판정기준을 제공한다.
② 규제적 규칙의 준수를 강조한다.
③ 구성적 규칙과 규제적 규칙을 준수하면 공정시합은 실현된다고 강조한다.
④ 공정의 개념을 규칙의 준수보다 더 포괄적으로 적용할 것을 제안한다.

■ 경기종목마다 경기를 실천하는 규칙과 관습이 있는데, 관습에는 윤리적인 것도 포함되므로 관습을 잘 지키면 페어플레이로 보는 것이 비형식주의이다.

정답 16 : ③, 17 : ①, 18 : ②, 19 : ④

20 형식적 공정에 위배되는 선수의 행위는?

① 실수로 파울을 범한 상대선수를 화난 표정을 지으며 노려보는 행위
② 이기고 있는 팀이 시합종료까지 시간을 끌기 위해 공을 돌리는 행위
③ 경기력 향상을 위해 금지약물을 은밀하게 복용하는 행위
④ 자신의 이익을 위해 심판의 오심을 알고도 묵인하는 행위

■ ①, ②, ④의 행위는 규칙에 정해져 있지 않기 때문에 형식주의의 입장에서는 불공정 행위가 아니다.

21 스포츠의 공정성을 실현하는 방법 중 형식주의(formalism)에 관한 설명으로 옳은 것은?

① 공정성은 스포츠 경기의 공유된 관습을 지키는 것이다.
② 공정성은 구성적 규칙과 규제적 규칙을 모두 준수하면 실현된다.
③ 경기규칙의 준수보다 더 포괄적인 적용과 정당화가 가능한 견해이다.
④ 경기의 관습뿐만 아니라 문서화된 경기규칙을 지켜야 한다.

■ 형식주의에서는 정해져 있는 규칙을 어기지 않고 경기를 하면 페어플레이로 본다.

22 스포츠에서 형식적 공정 유지를 위해 가장 필요한 것은?

① 승리   ② 기술   ③ 행운   ④ 규칙

■ 스포츠경기의 공정성은 예외없이 적용되는 규칙에 의해 이루어진다.

---

23 보기의 내용에 해당하는 반칙은?

보기
A팀과 B팀의 농구 경기는 종료까지 12초가 남았다. A팀은 4점 차로 지고 있고 팀 파울에 걸렸다. B팀이 공을 잡자 A팀의 한 선수가 B팀 선수에게 반칙을 해서 자유투를 유도한 후, 공격권을 가져오려고 한다.

① 의도적 구성 반칙   ② 비의도적 구성 반칙
③ 의도적 규제 반칙   ④ 비의도적 규제 반칙

■ 구성적 규칙 : 특정 스포츠경기의 진행방법을 구성함. 어떤 스포츠를 행하는 목적 · 수단 · 공간 · 시간 · 용구 · 용품 · 평가방법 · 벌칙 등에 관한 사항
■ 규제적 규칙 : 특정 스포츠경기의 참가자격, 선수 개개인의 행동(예 : 축구에서 시간 끌기, 농구에서 고의적인 파울 등) 등을 정해 놓은 것

---

24 스포츠에서 규제적 규칙(regulative rules)을 위반한 행위가 아닌 것은?

① 야구에서 배트에 철심을 넣어 보다 강력한 타격이 나오게 만드는 행위
② 태권도에서 전자호구를 조작하여 타격이 없더라도 점수를 높이는 행위
③ 수영에서 화상자국을 은폐하기 위해 전신수영복을 입고 출전하는 행위
④ 사이클에서 산소운반능력을 높이기 위하여 도핑을 하고 출전하는 행위

■ 구성적 규칙위반은 그 스포츠게임이 이루어지지 못하도록 위반한 행위이고, 규제적 규칙위반은 게임 자체는 성립되지만 불공정게임이 되도록 하는 규칙위반이다.
②는 게임 자체가 이루어질 수 없다.

정답   20 : ③, 21 : ②, 22 : ④, 23 : ③, 24 : ②

25 보기에서 K 선수의 의도적 반칙을 비난하는 근거로 옳은 것은?

> 보기
>
> 레드팀과 블루팀의 농구경기는 종료 2분을 남겨 두고 있다. 레드팀은 1점차로 지고 있고 팀파울에 걸려 있다. 블루팀의 P 선수가 공을 잡자 레드팀의 K 선수는 고의적으로 반칙을 하여 자유투를 허용하였다.

① 농구경기의 공유된 관습에 어긋난 행위이다.

② 비형식주의(non-formalism)에 어긋난 행위이다.

③ 구성적 규칙(constitutive rules)을 위반한 것은 아니지만, 규제적 규칙(regulative rules)에 어긋나는 행위이다.

④ 구성적 규칙(constitutive rules)과 규제적 규칙(regulative rules)에 모두 어긋나는 행위이다.

※구성적 규칙위반은 경기 자체가 성립되지 못하게 하는 규칙위반이다.

26 보기의 (가)에서 A팀의 행동을 지지하는 이론의 제한점을 (나)에서 모두 고른 것은?

> 보기
>
> | (가) | A팀과 B팀의 축구 경기 중 경기 종료 20분을 남기고 A팀이 1대0으로 이기고 있었다. 그러나 팀 선수들의 체력은 이미 고갈되었고, B팀은 무섭게 공격을 이어가고 있다. 이때 A팀 감독은 이대로 경기가 진행될 경우 역전당할 위험이 있다고 판단하여 선수들에게 시간을 끌 것을 지시하였다. A팀 선수들은 부상 당한 척 시간을 지연시키는 이른바 침대축구를 하였고, 결과적으로 A팀이 승리하게 되었다. |
> |---|---|
> | (나) | ㉠ 결과로 행위를 평가하기 때문에 정의의 문제가 소홀해질 수 있다.
㉡ 도덕규칙 간의 충돌 문제가 발생했을 때 실질적인 도움을 주지 못할 수 있다.
㉢ 일반적인 사실로부터 도덕적인 당위를 추론하지 못할 수 있다.
㉣ 사회 전체의 이익을 제대로 고려하지 못하는 경우가 있다.
㉤ 개인의 이익과 공공의 이익이 충돌할 때 사익(私益)의 희생을 당연시한다. |

※A팀의 감독은 목적론적 윤리의 입장에서 자기팀의 선수들에게 팀 승리를 위해 비윤리적 행위 가담을 지시함.
· ㉠ 목적론적 윤리의 입장에서 목적 달성 여부로 행위의 옳고 그름을 판단.
· ㉢ 목적론적 윤리의 입장에서 경기 중의 규칙 위반이므로 도덕적 당위성을 따질 수 없음.
· ㉤ 목적론적 윤리의 입장에서 개인의 이익보다 공공의 이익을 중시한다. 따라서 목적 달성을 위해서는 개인의 희생은 필수라고 봄.

① ㉠, ㉡, ㉤ 　② ㉡, ㉢, ㉤ 　③ ㉠, ㉢, ㉤ 　④ ㉠, ㉡, ㉢, ㉣

정답　25 : ③, 26 : ③

27 보기에서 (가)의 상황과 동일한 윤리적 입장으로 볼 수 있는 내용을 (나)에서 찾아 바르게 묶은 것은?

보기

(가)
블루팀과 레드팀의 농구경기는 종료까지 2분 남았다. 블루팀은 1점 차이로 뒤지고 있고, 팀 파울에 걸려 있다. 그때부터 블루팀은 의도적인 반칙을 통해, 시간 단축과 더불어 공격기회를 한 번이라도 더 얻기 위해 노력하였다.

(나)
㉠ 팀 승리 및 사기 진작을 위해서는 스포츠에서 용인될 수 있는 행동이다.
㉡ 상대에게 고의적으로 반칙을 하는 행동은 목적 자체가 그릇된 행동이다.
㉢ 팀원뿐 아니라 팀을 위해 응원하는 관중에게 보답하고자 하는 행동이다.
㉣ 형식주의 관점에서 규칙을 위반했기 때문에 정당화될 수 없는 행동이다.

① ㉠, ㉢　　　　　　　　　② ㉠, ㉣
③ ㉡, ㉢　　　　　　　　　④ ㉡, ㉣

■ (가)는 의도적 반칙 허용에 해당된다. 이 것은 스포츠종목별 규칙에 의해 수행하는 선수의 행동 규제를 찬성하는 것이다. 그러나 ㉡, ㉣은 종목별로 적용되는 규칙에 의해 수행하는 개인의 행동에도 반드시 윤리적 규제가 따라야 한 다는 입장이다.

28 보기의 내용을 찬성하는 입장으로 적절하지 않은 것은?

보기
프로농구 결승전, 경기종료 1분을 앞두고 3점차로 지고 있던 A팀의 선수 '김태풍'은 의도적 반칙을 행한다. 그런데 우리는 종종 반칙을 한 선수에게 비난하기 보다는 뛰어난 선수라며 오히려 칭찬하는 경우를 발견한다.

① 김태풍이 구성적 규칙을 위반한 것이 사실이지만, 규제적 규칙을 위반한 것은 아니다.
② 의도적 반칙은 농구경기의 일부이며, 농구의 본질, 가치를 손상시키지 않는다.
③ 팀의 전략적 능력과 그 전략을 실행하는 선수의 수행능력을 표현한 것이다.
④ 능력에 따라 승패를 결정하는 경기, 즉 경쟁적 스포츠의 윤리에서 벗어난 것이 아니다.

■ 규제적 규칙을 어기 면 벌점을 받으면 그만 이지만, 구성적 규칙을 어기면 경기 자체가 성 립되지 않는다.

정답　27 : ①, 28 : ①

29 보기에서 영준과 효지의 윤리적 입장에 대한 설명으로 옳지 않은 것은?

보기
영준 : 승부조작이 발생하는 원인은 모두 개인의 도덕성 결핍에 있다고 생각해.
효지 : 아니야. 윤리적 문제는 스포츠 사회구조나 제도가 정의롭지 않을 때 발생하는 거야.

① 영준은 개인의 도덕적 의지와 책임을 강조하는 입장이다.
② 효지는 문제의 원인이 잘못된 사회제도에 있다고 본다.
③ 영준은 개인의 행동이 사회구조에 의해 결정된다고 본다.
④ 효지는 사회 윤리적 관점, 영준은 개인 윤리적 관점이다.

■영준 : 경기에서 발생하는 승부조작의 원인이 선수 개인의 잘못된 윤리적 판단에 의한 도덕성 결핍에 있다고 보는 개인 윤리적 관점
■효지 : 승부조작의 원인이 잘못된 사회제도에 있다고 보는 사회 윤리적 관점

심화문제

30 선수의 내적 통제를 통해서 승부조작을 최소화할 수 있는 방안은?

① 윤리교육 강화
② 법적 처벌 강화
③ 비디오 판독 시스템 구축
④ 심판의 수 증가

■②, ③, ④는 모두 외적 통제이다.

필수문제

31 에토스(ethos)의 실천으로 적절하지 않은 것은?

① 축구에서 상대 선수가 부상으로 쓰러져 걱정되는 마음에 공을 경기장 밖으로 걷어냈다.
② 배구에서 블로킹할 때 훈련한 대로 네트에 손이 닿지 않도록 주의를 기울였다.
③ 야구에서 투수가 던진 공에 상대팀 타자가 맞아 투수는 모자를 벗어 타자에게 미안함을 표현했다.
④ 농구에서 경기 종료 1분을 남기고, 우리 팀이 큰 점수 차로 이기고 있는 상황에서 감독은 상대를 배려하는 마음에 작전 타임을 부르지 않았다.

■에토스 : 도덕성을 의미함.
②는 스포츠에서 에토스의 실천이 아니라 규칙을 준수하려는 것임.

정답 (29 : ③, 30 : ①, 31 : ②)

32 보기의 괄호 안에 들어갈 용어는?

> **보기**
> 축구 경기 중 상대 선수가 부상으로 쓰러졌을 경우, 공을 밖으로 걷어내고 부상자를 돌보는 행위는 (   )을/를 준수한 것이다.

① 경기 규칙   ② 스포츠 에토스   ③ 규제적 규칙   ④ 스포츠 법령

▪ 에토스 : 도덕성을 의미함.

33 보기에서 A팀 주장이 취한 윤리적 입장의 난점으로 볼 수 없는 것은?

> **보기**
> 프로축구 A팀 감독은 주장을 불러 상대팀 선수에게 의도적 반칙을 하여 부상을 입히라는 작전지시를 내렸다. A팀 주장은 고민 끝에 실행에 옮겼고, 결과적으로 팀의 승리를 가져왔다.

① 결과만 놓고 보면 부상을 입힌 선수의 행위는 옳은 것으로 간주될 수 있다.
② 팀 전체의 이익보다 선수 개인의 이익이 더 중요할 수 있다.
③ 선수가 갖는 상식적이고 보편적인 도덕적 직관과 충돌하는 결론을 이끌어 낼 수 있다.
④ 우리 팀이 행복할 수 있다고 해서 축구경기에 참가한 모든 사람이 행복한 것은 아니다.

▪ 선수 개인보다 팀의 승리, 즉 팀 전체의 이익을 더 중요시한 결과이다.

34 스포츠 규칙의 원리로 적절하지 않은 것은?

① 편파성   ② 임의성(가변성)   ③ 제도화   ④ 공평성

▪ 스포츠규칙에는 편파성이 있어서는 안 된다.

35 보기에서 나타난 현준과 수연의 공정시합에 관한 관점이 바르게 연결된 것은?

> **보기**
> 현준: 승부조작은 경쟁적 스포츠의 본래적 가치를 훼손시키는 행위지만, 경기규칙을 위반하지 않았다면 윤리적으로 문제없는 것이 아닌가?
> 수연: 나는 경기규칙을 위반하지 않았다 하더라도, 스포츠의 역사적·사회적 보편성과 정당성 속에서 형성되고 공유된 에토스(shared ethos)에 충실해야 한다고 생각해! 그래서 스포츠의 가치를 근본적으로 훼손시키는 승부조작은 추구해서도, 용인되어서도 절대 안 돼!

	현준	수연		현준	수연
①	물질만능주의	인간중심주의	②	형식주의	비형식주의
③	비형식주의	형식주의	④	인간중심주의	물질만능주의

▪ 승부조작은 금전과 같은 '경기 외적 이득'을 얻기 위하여 경기 결과를 미리 정해 놓고 경기 과정을 왜곡시키는 행위이다.
▪ 형식주의 : 규칙에 명시된 것만 지키면 된다는 견해.
▪ 비형식주의 : 경기 종목마다 규칙뿐만 아니라 지켜야 할 윤리인 관습도 지켜야 한다는 견해.

정답 32 : ②, 33 : ②, 34 : ①, 35 : ②

스포츠와 불평등

🔅 스포츠와 성차별

☞ 고대 그리스의 4대 제전경기에서부터 성차별이 있었다.

☞ 근대 올림픽이 시작될 때에도 여성의 올림픽 참가를 제한하였다.

☞ 1972년에 미국에서 Title Ⅸ(인권헌장)이 통과된 이후부터 여성의 스포츠 참가가 확대되기 시작하였다.

☞ 근대올림픽의 창시자인 쿠베르탱은 여성은 격렬한 운동을 수행하기에 어려운 신체를 가지고 있다는 신념을 가지고 있었기 때문에 여성의 올림픽 참가를 제한하였다. 1972년에 미국에서 Title Ⅸ가 통과되면서부터 여성의 스포츠참가가 확대되기 시작하였다.

🔅 스포츠에서 성차별의 원인

☞ 스포츠에 내재되어 있는 공격성과 경쟁적 요인이 여성에게는 적합하지 않다는 생각

☞ 여성의 신체는 스포츠활동에 부적합하다는 생각

☞ 스포츠에 참여하는 여성은 여성스럽지 못하고 매력적이지 못하다는 생각

  이것은 모두 편견이다.

🔅 여성의 성별 확인 검사 제도

☞ 남성이 여성으로 출전하는 것을 방지하려고 1968년에 도입(공정성의 문제)

☞ 검사방법의 신뢰도와 여자선수의 인권문제로 비화

☞ 남성이라고 판정을 받은 여자선수가 나중에 특이체질의 여성으로 밝혀진 사례도 있음.

☞ 2000년 시드니올림픽 때부터 여성의 성별 확인 검사를 실시하지 않기로 결정함.

🔅 성전환 선수의 윤리 문제

☞ 스포츠에서 경기력은 노력과 재능이 중시된다.

☞ 남자가 여자로 성전환 수술을 하면 모든 생리적 기능이 여자가 되는 것이 아니고, 대부분의 생리적 기능은 남자에 더 가깝다. 일부의 생리적 기능과 사회적 기능이 여자일 뿐이다.

☞ 그런 사람이 여자로 출전하면 불공정하다는 윤리적 문제가 발생한다.

💡 스포츠에서 인종차별

☞ 흑인선수가 묘기를 보이면 천부적인 재능이라 하고, 백인선수가 묘기를 보이면 노력과 끈기로 이루어낸 것이라고 한다.

☞ 흑인들은 열악한 자연환경 속에서 생존하기 위한 본능적 활동으로 스포츠를 실시하였기 때문에 백인보다 더 잘 할 수밖에 없다.

☞ 골프, 테니스, 승마 등 귀족스포츠에는 흑인선수들이 적다.

💡 장애인의 스포츠권

우리나라의 헌법에서 정하고 있는 국민의 천부적 권리인 행복추구권, 평등권, 교육권, 근로권, 환경권, 생존권에 의해서 장애인의 스포츠 참여가 보장되고 있다. 이를 통해 신체적·정신적 재활을 도모할 뿐만 아니라, 문화생활을 향유하고, 건전한 경쟁을 통해서 자기발전과 자아개발을 할 수 있는 권리이다.

💡 우리나라의 장애인스포츠 발달

☞ 1988년 서울장애인올림픽 이후부터 크게 발달하였다.

☞ 처음에는 보건복지부가 장애인스포츠를 담당하였으나, 나중에는 문화체육부로 이관되었다.

☞ 장애인복지체육회가 장애인체육을 담당하는 행정기관이었다.

☞ 국민체육진흥법에 근거하여 대한체육회와 똑같은 수준의 대한장애인체육회가 설립되었다.

■근대올림픽의 창시자인 쿠베르탱은 여성은 격렬한 운동을 수행하기에 어려운 신체를 가지고 있다는 신념을 가지고 있었기 때문에 여성의 올림픽 참가를 제한하였다. 1972년에 미국에서 Title Ⅸ가 통과되면서부터 여성의 스포츠참가가 확대되기 시작하였다.

필수문제

01 다음은 스포츠에서 성차별에 관한 설명이다. 옳지 않은 것은?

① 고대 그리스의 4대 제전경기에서부터 성차별이 있었다.
② 근대 올림픽이 시작될 때부터 성차별이 없어졌다.
③ 시드니올림픽 때부터 여성의 성별 확인 검사를 실시하지 않기로 결정되었다.
④ 여자선수의 유니폼을 몸매가 확연히 드러나는 타이즈 형식으로 정하는 것은 일종의 성차별이다.

심화문제

02 스포츠에서 나타나는 성차별의 원인이 아닌 것은?

■①, ②, ③은 모두 여성에 대한 편견으로, 스포츠에서 성차별의 원인이다.
■④는 스포츠에서 성차별의 원인이 아니다.

① 사회적 성 역할의 고착화
② 차이를 차별로 정당화하는 논리
③ 신체구조와 운동능력에 대한 편견
④ 여성성을 해치는 스포츠에의 여성 참가 옹호

03 스포츠에서 성차별을 극복하기 위한 방안으로 볼 수 없는 것은?

① 전통적인 여성상에서 탈피하려는 노력
② 인기 종목 위주의 스포츠보도
③ 남성 선수와의 연봉 불균형 개선
④ 능력에 대한 공정한 평가

■인기 종목 위주로 스포츠를 보도하는 것과 성차별과는 아무런 관련도 없다.

04 스포츠의 성차별에 관한 설명 중 옳지 않은 것은?

① 여성의 스포츠 참여 기회와 권리를 제한하거나 불이익을 주는 제반 행위를 말한다.
② 성역할 고정관념은 스포츠의 제반 영역에서 여성의 참여를 제한하는 논리로 기능해왔다.
③ 미국의 Title Ⅸ는 여성의 스포츠 참여를 활성화하는 계기가 되었다.
④ 근대올림픽의 창시자인 쿠베르탱(P. Coubertin)은 여성의 올림픽 참여를 권장하였다.

■쿠베르탱은 여성의 올림픽 참가를 제한하였다.

정답 (01 : ②, 02 : ④, 03 : ②, 04 : ④)

05 다음 중 스포츠에 있어서 여성 경기에 관한 과거와 현재의 내용 중 사실과 다른 것은?

① 고대 그리스올림픽에서 여성은 관람은 할 수 있었으나, 참가는 할 수 없었다.
② 근대 올림픽의 부활에 있어서 여성 경기인들의 참여는 제한적이었다.
③ 2012년 런던올림픽에서 여성이 참가하지 못한 종목은 하나도 없었다.
④ 현대 올림픽에는 싱크로나이즈드스위밍이나 리듬체조 등 여성들만 참가할 수 있는 경기종목들이 있다.

■ 고대올림픽에서는 여성의 스포츠 관람도 제한되었다.

필수문제

06 보기에서 주장하는 이론적 입장은?

보기
남성은 여성에 비해 선천적으로 우월한 신체능력을 갖고 태어나기 때문에 신체능력에 크게 의존하는 스포츠에서 남녀차별은 불가피하다.

① 자유주의적 페미니즘   ② 생물학적 환원주의
③ 사회주의적 페미니즘   ④ 여성 보호주의

■ 페미니즘(feminism) 성별로 인해 발생하는 정치·경제·사회 문화적 차별을 없애야 한다는 사상.

■ 환원주의(reductionism) 예를 들어 자연과학이 물리·화학·생물 등으로 나누어져 있지만 결국에는 가장 근본적인 과학(물리학)으로 통일될 수밖에 없다는 사상. 즉 하나로 단순하게 환원될 수밖에 없다는 생각.

■ 생물학적 환원주의 생물학적으로 남녀가 구별되어 있고, 근본적으로 남자가 우세하기 때문에 결국에는 남성 우선주의로 환원될 것이라는 사상.

심화문제

07 보기의 대화 내용과 성차별적 인식이 다른 것은?

보기
보연 : 내 친구 수현이는 얼마 전부터 권투를 시작했어. 남자들이나 하는 거친 운동을 여자가 겁도 없이 한다기에 내가 못 하게 적극적으로 말렸어.
지웅 : 잘했어. 여자에게 어울리는 스포츠도 많잖아. 요가나 필라테스처럼 여자에게 어울리는 종목을 추천해줘.

① 여자보다 남자의 근력이 강하기 때문에 권투와 같은 종목은 여자에게 적합하지 않다.
② 남성다움, 여성다움을 강조하는 스포츠 참여를 권장한다.
③ 남자라면 거칠고 투쟁적인 스포츠를 즐겨야 한다.
④ 권투에 참여하는 여성은 여성성을 잃게 되어 매력적이지 않다.

■ 남성과 여성의 근력 차이는 편견이 아닌 사실이다.

08 남자가 성전환 수술을 받아서 여자가 된 다음 스포츠 경기에 여자 선수로 출전하였다면 어떤 원칙에 벗어날까?

① 공정성   ② 경쟁성
③ 예술성   ④ 독립성

■ 남성과 여성의 체력 차이가 크기 때문에 공정성에 어긋난다.

정답 05 : ①, 06 : ②, 07 : ①, 08 : ①

필수문제

09 스포츠에서 발생하는 인종차별에 해당하는 것은?

① 생물학적 환원주의   ② 지속가능한 발전

③ 게발트(Gewalt)   ④ 아파르트헤이트(Apartheid)

심화문제

10 보기의 괄호에 들어갈 용어로 적절한 것은?

> 보기
> 1968년 제19회 멕시코올림픽의 육상 200M 경기에서 1위와 3위로 입상한
> 미국의 토미 스미스와 존 카롤로스는 시상식에서 검은 장갑, 검은 양말 등으로
> (   )에 대해 저항을 표현했다.

① 계급차별   ② 인종차별   ③ 성차별   ④ 장애차별

11 스포츠에서 인종차별 극복방안이 아닌 것은?

① 인종을 초월한 실력으로 경쟁   ② 인종에 대한 편견 해소

③ 차별 철폐의 이념과 방법론   ④ 국수주의적 이념으로 전환

12 스포츠에서 나타나는 인종차별에 대한 내용으로 볼 수 없는 것은?

① 남아프리카공화국에서는 1960년까지 백인선수만 올림픽에 참가하였다.

② 흑인선수의 경기력은 발생학적이고, 백인선수는 후천적 노력의 결과이다.

③ 스포츠에서 인종 간의 승패 여부는 민족적 · 생물학적 의미를 가지지 않는다.

④ 미디어에서는 흑인선수가 수영종목에 적합하지 않은 신체조건을 갖고 있다고
설명한다.

13 스포츠에서 나타나는 인종차별에 관한 설명으로 적절하지 않은 것은?

① 경기실적 향상을 위해 우수한 외국 선수를 귀화시키기도 한다.

② 개인의 운동기량을 인종 전체로 일반화시켜 편견과 차별이 심화되기도 한다.

③ 스포츠미디어는 인종에 대한 편견과 차별을 재생산하기도 한다.

④ 일부 관중들은 노골적으로 특정 인종을 비하하는 모욕 행위를 표출하기도 한다.

정답   09 : ④, 10 : ②, 11 : ④, 12 : ③, 13 : ①

14 보기의 대화 내용에서 나타나는 스포츠에서의 차별에 대한 설명으로 적절한 것은?

보기
아나운서 : A선수의 파워와 스피드, 그리고 순발력 앞에서 아무도 버틸 수 없을 것 같네요.
해설위원 : 맞습니다. A선수는 흑인 특유의 탄력과 유연성뿐만 아니라 파워까지 겸비하고 있기에 지금까지 승승장구해 왔다고 할 수 있지요.
아나운서 : 위원님, 그렇다면 이번 대결에서 B선수는 어떤 방법으로 대처하는 것이 좋을까요?
해설위원 : 아무래도 B선수는 백인들의 장점이라 할 수 있는 냉철한 판단력을 바탕으로 A선수의 허점을 공략하는 것이 가장 좋을 것 같습니다. A선수는 신체능력이 우수한 반면에 심리적으로 약할 가능성이 큽니다.
아나운서 : 저도 그렇게 생각합니다. 신체능력을 극복하는 판단력과 의지, 그것이 백인의 우수성 아니겠습니까?

① 단일 민족에게는 해당되지 않는 문제이다.
② 여성 스포츠에서 성의 상품화는 문제가 될 수 있다.
③ 여성의 스포츠 참여 제한은 차별에 해당하지 않는다.
④ 피부색에 따른 정신적 · 신체적 능력의 차이는 절대적이지 않다.

■ 단순히 피부색만으로 선수의 능력을 평가하는 것은 옳지 않다.

15 보기의 대화에서 나타나는 스포츠 차별은?

보기
영은 : 저 백인 선수는 성공하기 위해서 얼마나 많은 노력과 땀을 흘렸을까.
상현 : 자기를 희생하면서도 끝없는 자기관리와 투지의 결과일 거야.
영은 : 그에 비해 저 흑인 선수가 구사하는 기술은 누구도 가르칠 수 없는 묘기이지.
상현 : 아마도 타고나지 않으면 할 수 없는 거지. 천부적인 재능이야.

① 성차별　　　　　　　　　② 스포츠 종목 차별
③ 인종차별　　　　　　　　④ 장애차별

■ 보기는 백인과 흑인에 대한 고정관념에 기초한 인종차별에 관한 대화이다.

16 오늘날 한국 스포츠 현장에는 각 종목에서 하프-코리안 선수들이 증가하고 있는 추세이다. 하프-코리안 선수들의 운동경험에서 나타나는 문화적 적응과정에서 발생하는 갈등요인을 가장 적절하게 표현한 것은?

① 엄격한 위계질서에 의한 선후배 관계　　② 시즌 합숙훈련
③ 새로운 감독의 만남　　　　　　　　　　④ 시즌 경기일정

■ 혼혈 한국인을 하프 코리안이라고 한다.

정답　14 : ④, 15 : ③, 16 : ①

17 체육·스포츠는 다문화사회에서 사회적 갈등과 비용을 최소화시키기 위한 중요한 정책적 수단이 된다. 다음 중 다문화주의 가치의 합리적 수용성을 담아내는 스포츠 정책으로 적절하지 않은 것은?

■ 스포츠와 관계가 있어야 한다.

① 다문화가정의 체육활동 지원
② 이민자 생활체육의 욕구 및 실태조사
③ 다문화가정 자녀 간의 교류 확대
④ 다문화가정의 체육교육 프로그램 개발

필수문제

18 보기에서 ㉠, ㉡, ㉢, ㉣에 알맞은 용어로 바르게 묶인 것은?

보기
스포츠에서의 장애차별이란 장애로 인해 스포츠참여의 권리와 기회를 비장애인과 동등하게 누리지 못하는 불평등을 말한다. 장애를 이유로 스포츠 참여를 원하는 장애인에 대한 (㉠), (㉡), (㉢), (㉣)는 기본권의 침해에 해당한다.

	㉠	㉡	㉢	㉣
①	제한	배제	분리	거부
②	권리	의무	추구	자유
③	노동	배제	차별	분리
④	감금	체벌	구속	착취

■ 장애를 이유로 스포츠 참여를 원하는 장애인에 대한 제한, 배제, 분리, 거부는 기본권의 침해이다.

심화문제

19 장애차별 없는 스포츠의 조건에 해당하지 않는 것은?

① 장애인이 원하는 장소와 시간을 확보해야 한다.
② 대회의 참여와 종목의 선택은 감독에게 맡긴다.
③ 활동에 필요한 장비 및 기구의 재정적인 지원이 확보되어야 한다.
④ 다양한 사람과의 관계를 통해 사회성 함양의 기회를 주어야 한다.

■ 감독이 대회 참여 종목을 선택하는 것은 장애차별 없는 스포츠의 조건이 될 수 없음.

정답 17 : ③, 18 : ①, 19 : ②

스포츠윤리 ┃

20 장애인 선수들의 인권 향상을 위한 방안으로 적절하지 않은 것은?

① 장애인 국가대표 선수단 역시 훈련에 필요한 안정적인 지원이 확보되어야 한다.

② 장애인 선수들에게 비장애인과 동일한 훈련량과 지도방법을 적용해야 한다.

③ 인권에 대한 문제는 예방이 중요하므로 지속적인 예방 교육과 더불어 홍보가 필요하다.

④ 장애인 선수들의 접근과 이용이 불편하지 않도록 시설 확충과 설계가 이루어져야 한다.

■장애인 선수에게 비장애인 선수와 동일한 훈련량과 지도방법을 적용해서는 안 된다.

필수문제

21 장애인의 스포츠권에 대한 설명으로 옳지 않은 것은?

① 스포츠에서 장애차별이란 장애로 인해 스포츠참여의 권리와 기회를 비장애인과 동등하게 누리지 못하는 불평등을 말한다.

② 우리나라에서는 장애인이 체육에 참여할 권리에 관한 규정이 아직 마련되어 있지 않다.

③ 장애인의 스포츠권은 장애인의 기본적인 권리의 충족 이후가 아니라 동시에 보장되어야 한다.

④ 장애를 이유로 스포츠 참여를 원하는 장애인에 대한 제한, 배제, 분리, 거부는 기본권의 침해에 해당한다.

■우리나라는 국민체육진흥법에 장애인의 스포츠권이 명시되어 있어서 장애인과 비장애인이 법적으로는 완전히 동등하다.

심화문제

22 장애인의 스포츠활동 참여를 어렵게 만드는 요인이 아닌 것은?

① 장애인의 접근이 어려운 지역사회 스포츠시설

② 장애인에 대한 이해와 교수방법이 부족한 지도자

③ 동료참여자들의 편견과 부정적 시선

④ 장애인스포츠 관련 법 규정의 부재

■장애인의 스포츠참여 활성화 방안
· 장애인 생활체육 프로그램 확대
· 장애인을 위한 공공 체육시설 확충
· 특수체육 지도자 양성 및 배치
· 장애인 스포츠클럽 지원

23 장애인의 스포츠 참여를 지원하는 방법으로 적절하지 않은 것은?

① 장애인이 접근 가능한 장소의 확보

② 활동에 필요한 장비 및 기구의 안정적 지원

③ 비장애인과의 통합수업보다 분리수업 지향

④ 일회성 체험이 아닌 지속적인 클럽활동 보장

■장애를 이유로 제한·배제·분리·거부 등으로 장애인을 불리하게 대하는 것은 약칭 '장애인차별금지법' 위반이다.

정답 20 : ②, 21 : ②, 22 : ④, 23 : ③

CHAPTER 04 스포츠에서 환경과 동물윤리

환경윤리란

☞ 사람들은 인간을 포함한 생명체 및 무생물, 자연에 대하여 일정한 태도와 인식을 갖는다. 그 것을 자연관 또는 생명관이라고 한다.

☞ 생태계와 환경의 파괴에 직면한 인류가 생명의 가치와 자연물의 가치를 높일 수 있는 환경친 화적이고 생태지향적인 규범을 설정할 가능성과 타당성을 연구하는 것이 환경윤리학 또는 생태윤리학이다.

☞ 기존에 있던 규범적 이론과 원칙을 확대하여 동물보호, 자연보호, 환경보호의 원칙을 세우고, 나아가서 올바른 환경도덕적 의사결정을 위한 환경윤리 교육의 이론적 토대를 만드는 것이 그 목적이다.

스포츠에 적용 가능한 환경윤리학의 이론

가토 히사타케 (加藤尙武)	타인에게 해를 입힐 가능성, 세대 간의 윤리, 완전한 보존의무 등을 원칙으로 함.
레오폴드 (L. Leopold)	토지 이용 시에는 경제적 측면뿐만 아니라 윤리적·미적 관점도 고려해야 함.
한스 요나스 (H. Jonas)	» 환경 문제를 해결하려면 과거와는 다른 새로운 책임이라는 개념이 필요함. » 개인적으로 하면 환경문제의 해결은 어렵기 때문에 공동체나 지구 전체를 기반으로 공동책임·일방적 책임·세대 간 책임이라는 통시적(通時的) 책임론이 필요함.
네스(심층생태주의) (A. Nases)	» 모든 유기체는 태생적으로 생명의 연결망에 연결되어 있음. » 환경오염 예방이나 경제개발의 속도 조절과 같은 피상적인 방법이 아닌 사고방식 자체를 바꿔야 함.

환경윤리학적 관점

1 인간중심주의

☞ 인간에게만 본질적 가치를 부여하고 인간 이외의 존재에게는 도구적 가치만을 부여한다.

☞ 고대에서 근대까지의 인간중심 주의에서는 자신이 속해 있는 집단의 구성원(서양인)만을 인간으로 보았다.

☞ 현대 인간중심주의에서는 인간을 협소하게 보지 않고 동 시대의 모든 인간뿐만 아니라 미

래의 인간까지도 한 집단의 구성원으로 볼 뿐만 아니라 전 세계인을 인간으로 본다.
☞ 자연파괴, 종의 멸망 등은 모두 인간의 책임이고, 인간에 의해서만 해결될 수 있다고 본다.
☞ 스포츠는 자연 친화적인 활동이 아니라 자연 파괴적인 활동이다. 특히 골프, 스키, 등산 등
과 같은 스포츠는 자연 파괴를 가속화시킨다.

2 자연중심주의

☞ 인간을 자연의 지배자로 보지 않고 자연의 만물 가운데 하나로 본다. 즉 인간과 인간 이외
의 만물은 평등한 관계이고 동반자의 관계이다.
☞ 그것을 깨닫기 위해서는 인간중심적인 억견(억지 생각)에서 벗어나야 한다.
☞ 테일러(T. Taylor)의 자연중심주의에서 주장하는 생태윤리의 4가지 행위규칙(의무)
》 비상해의 규칙……생명체를 해치지 말아야 한다.
》 불간섭의 규칙……생태계가 자유롭게 발전하는 데 제한을 가하지 말아야 한다.
》 신뢰의 규칙……야생동물들을 기만해서 그들의 인간에 대한 신뢰를 훼손해서는 안 된다.
》 보상적 정의의 규칙……인간과 다른 생명체 간에 정의의 균형이 깨졌을 때 그것을 회복
시키려고 인간이 노력해야 한다.
☞ 투우 · 투견 · 경마는 물론이고, 자연스포츠도 금지되어야 한다.

인간중심주의와 자연중심주의는 모두 정복 아니면 복종이라는 양자택일 식의 논리이다. 그러
므로 인간의 욕구와 자연의 욕구가 온전히 보존될 수 있는 제3의 길을 찾아야 한다.

💡 지속 가능한 스포츠의 발전을 위해서 준수해야 할 3가지 계율

필요성의 계율	새로운 스포츠 시설을 건립할 때에는 필요성을 따져봐야 한다. 동식물을 포함한 다수에게 이익을 주는가?
역사성의 계율	인간뿐 아니라 자연도 역사를 가지고 있다. 자연의 역사성을 존중해주어야 한다.
다양성의 계율	인간과 자연의 공존을 위해서 자연의 다양성이 보존될 수 있도록 노력해야 한다. 공존은 다양성의 보존 위에서만 가능하기 때문이다.

💡 종차별

1 종차별주의

☞ 자신이 속한 종은 옹호하고, 다른 종은 배척하는 것.
☞ 인간이 신의 피조물 중에서 으뜸이고, 다른 동물들을 지배할 수 있는 권한을 신으로부터
부여받았다고 주장하는 것.
☞ 동물이나 무생물은 도덕적 의무가 없기 때문에 도덕적 지위도 없다고 주장하는 것.
☞ 인간의 소유물인 동물이나 식물은 도덕적 지위를 가지고 있는 인간이 주인이기 때문에 보
호받아야 한다고 생각하는 것(주인이 없는 개는 함부로 죽여버려도 된다는 말인가?)

2 반종차별주의

☞ 종차별을 반대하지만, 동물과 인간이 평등하다는 것은 아니다.

☞ 인간은 각각 차이가 있듯이 동물도 차이가 있으므로 거기에 합당한 대우를 받아야 한다.

☞ 쾌락과 고통을 느낄 수 있는 종은 이익을 고려해야 하고, 쾌락에 비하여 고통이 적게 해야 할 의무가 있다.

☞ 개를 발로 차면 안 되지만, 돌은 발로 차도 괜찮다.

3 종차별주의와 스포츠

☞ 스포츠활동에 이용되고 있는 모든 동물들은 종차별주의의 희생 양이다.

※ 싱어(P. Singer)는 "이익평등 고려의 원칙(인간과 동물을 동등하게 대우해야 함)"을 주장하였음.

🔆 종차별의 종류

동물들을 경쟁활동의 도구로 이용	승마와 같은 스포츠, 전쟁에서 동물을 이용하는 것, 동물 간의 싸움(소싸움, 개싸움 등)
동물들을 유희도구로 사용	수렵, 낚시, 서커스, 투우
동물들을 연구도구로 사용	흰쥐, 고양이, 원숭이

🔆 동물실험 윤리(3R = replace, reduce, refinement)

고양이와 같은 동물을 실험에 이용할 수밖에 없지만, 다음과 같은 3가지 원칙을 지켜야 한다.

대체의 원칙	인간 대신에 동물, 고등동물 대신에 하등동물, 하등동물 대신에 식물이나 무생물을 실험재료로 사용할 것을 권장함.
축소의 원칙	실험에 동원되는 동물의 숫자를 최소화 할 것을 권장함.
순화(개선)의 원칙	동물의 고통이 적도록 하고, 살아 있는 동안은 상응한 대우를 권장함.

필수 및 심화 문제

■ 부울레의 환경의 3
가지 범주
· 개발환경 : 자연환
경을 변화시켜 만든
스포츠환경. 골프,
야구, 테니스, 실외
수영장 등 야외활동
이 가능한 곳.
· 순수환경 : 공원, 카
누, 등산, 요트 등이
가능한 곳.
· 시설환경 : 실내체
육관(유도장, 역도장
등), 아이스링크 등
이 가능한 곳.
④는 섞여 있다.

필수문제

01 부올레(P. Vuolle)는 스포츠와 자연의 관계를 기준으로 스포츠환경을 순수환경, 개발환경, 시설환경으로 구분하였다. 이 중 개발환경에 해당하는 스포츠는?

① 카누, 등산, 요트
② 역도, 유도, 탁구
③ 골프, 야구, 테니스
④ 윈드서핑, 스키, 체조

심화문제

02 다음 중 틀린 것은?

① 스포츠시설 등이 있어야 하므로 스포츠는 자연파괴자이다.
② 도시의 공기가 나빠졌기 때문에 멀리 야외까지 나가서 운동을 해야 하므로 스포츠는 환경오염의 피해자이기도 하다.
③ 등산 등 야외활동을 하는 것은 자연친화석이다.
④ 인간중심주의적 사고와 자연중심주의적 사고를 적절히 조화시키는 것이 환경오염 문제를 해결할 수 있는 방법이다.

■ 등산이 자연친화적
인 것처럼 느껴지지만
실제로는 자연을 파괴
하는 활동이다.

03 스포츠 활동에 참여하고 스포츠 이벤트를 개최하는 데 있어 발생할 수 있는 환경적 이슈가 아닌 것은?

① 생물다양성 보존   ② 생태계 보호
③ 스포츠시설의 대중화   ④ 문화유산의 안전보호

■ 스포츠의 대중화는
있어도 스포츠시설의
대중화는 없다.

04 스포츠에 적용 가능한 환경윤리와 거리가 먼 것은?

① 실용주의   ② 인간중심주의   ③ 자연중심주의   ④ 인간과 자연의 공존

■ 실용주의는 환경윤
리와 아무런 관계가
없다.

05 다음 중 환경윤리에 대한 설명으로 적절치 못한 것은?

① 기암괴석이 아름답다고 보는 것은 자연관이다.
② 돌맹이는 생명이 없으므로 인간이 아무렇게나 해도 된다고 보는 것은 자연관이다.
③ 환경친화적이고 생태지향적인 규범을 설정하려고 하는 것은 환경윤리학이다.
④ 환경윤리교육의 이론적 토대를 마련하려고 하는 것은 환경교육학이다.

■ 기암괴석이 아름답
다고 보는 것은 미적
감각이다.

정답   01 : ③, 02 : ③, 03 : ③, 04 : ①, 05 : ①

06 보기의 대화에서 스포츠와 환경윤리에 대한 견해가 다른 사람은?

보기

우준 : 우리 집 근처에 스키장이 생겼으면 좋겠어. 나는 스키가 좋은데, 스키
장이 너무 멀어서 불편해.

경태 : 스키장 건설은 환경을 파괴하는 행위야. 그래서 나는 환경파괴가 없는
서핑이 좋더라.

관훈 : 서핑은 환경파괴가 없는 거야? 나는 잘 모르겠어. 그냥 나는 그런 것보
다 동물과 함께하는 것이 좋아. 그래서 주말에 승마를 하러 가.

지영 : 나는 쾌적한 환경에서 운동하는 게 좋더라. 그래서 집 앞 센터에서 요
가를 하고 있어. 나는 실내운동이 좋아.

■실내환경 관련 발언 :
지영
■야외환경 관련 발언 :
우준, 경태, 관훈

① 우준   ② 경태   ③ 관훈   ④ 지영

필수문제

07 보기의 (가)에서 환경단체의 입장과 관련이 있는 주장을 (나)에서 모두 고른 것은?

보기

(가)	평창올림픽 활강경기장 건립을 둘러싸고 환경단체로부터 반대의 의견이 나오게 되었다. 가리왕산은 활강경기의 특성상 최적의 장소이지만 이곳은 산림자원 보호구역으로 지정된 곳이었기 때문이다. 올림픽으로 얻어지는 경제적 효과를 강조하는 측과 산림의 가치를 경제적으로 환산할 수 없다는 환경단체의 입장이 팽팽히 맞서고 있다.
(나)	ⓐ 인간을 소중히 여기는 마음으로 자연환경도 소중히 대한다. ⓑ 효율성의 극대화를 목표로 하는 경제학을 추구한다. ⓒ 인간도 생태계 구성원으로 보는 생태 공동체 의식을 기른다. ⓓ 인간의 사용 가치에 비례하여 자연의 가치를 평가한다.

■환경단체는 인간도
생태계의 구성원으로
보는 생태공동체의식
에 바탕을 두므로 자
연환경도 사람처럼 소
중히 여겨야 한다고
하였다.

① ㉠, ㉡   ② ㉡, ㉢   ③ ㉢, ㉣   ④ ㉠, ㉢

심화문제

08 스포츠가 야기하는 환경오염과 거리가 먼 것은?

■수익의 증가와 환경
오염은 관련이 거의
없다.

① 스포츠 활동에 의한 오염   ② 스포츠 시설에 의한 오염

③ 자연 스포츠의 증가   ④ 스포츠 수익의 증가에 의한 오염

정답 06 : ④, 07 : ④, 08 : ④

필수문제

09 보기는 환경윤리학의 두 관점인 인간중심주의(anthropocentrism)와 자연중심주의(ecocentrism)에 대한 설명이다. 옳은 내용을 모두 고른 것은?

보기
㉠ 인간중심주의에서는 자연이 인간을 위해서 있는 것이라고 본다.
㉡ 자연중심주의에서는 자연이 인간의 일부분일 뿐이라고 본다.
㉢ 현대 인간중심주의에서는 동 시대의 모든 인간뿐만 아니라 미래의 인간까지 한 집단의 구성원으로 본다.
㉣ 현대 자연중심주의에서는 인간과 자연을 평등한 것으로 본다.

① ㉠, ㉣   ② ㉠, ㉢   ③ ㉡, ㉣   ④ ㉡, ㉢

심화문제

10 환경문제를 해결하기 위해서 생명 중심주의 윤리가 제시한 4가지 의무에 해당되지 않는 것은?

① 신의의 의무   ② 불간섭의 의무   ③ 불침해의 의무   ④ 치료의 의무

필수문제

11 스포츠 활동 과정에서 다른 생명체를 해치는 행위는 테일러(Taylor, P.)가 제시한 인간의 4가지 의무 중 어떤 조항에 위배되는가?

① 신뢰의 의무   ② 불간섭의 의무
③ 불침해의 의무   ④ 보상적 정의의 의무

심화문제

12 보기의 설명과 관계 있는 자연중심주의 사상가는?

보기
» 생태윤리에 대한 규칙 : 불침해, 불간섭, 신뢰, 보상적 정의
» 스포츠에 의한 환경오염 발생 시 스포츠 폐지 권고
» 인간의 욕구를 위해 동물의 생존권을 유린하는 스포츠 금지

① 베르크   ② 테일러   ③ 슈바이처   ④ 하이젠베르크

Taylor는 생명중심주의(자연중심주의) 윤리학자이다. 그는 모든 생명체는 목표지향적인 삶의 중심체라고 정의하면서 인간이 행해야 할 4가지 의무(문제에 있는 4가지 의무)를 주장하였다.
· 비상해(불침해)의 규칙 : 생명체를 해치지 말아야 한다.
· 불간섭의 규칙
· 신뢰의 규칙
· 보상적 정의의 규칙
① 베르크 : 인간중심주의(종차별주의)
③ 슈바이처 : 생명중심주의(생명의 외경)
④ 하이젠베르크 : 불확정성의 원리

필수문제

13 지속 가능한 스포츠의 발전을 위해서 준수해야 할 3가지 계율이 아닌 것은?

① 확장성의 계율   ② 필요성의 계율   ③ 역사성의 계율   ④ 다양성의 계율

정답   09 : ②, 10 : ④, 11 : ③, 12 : ②, 13 : ①

14 지속 가능한 스포츠발전을 위한 노력으로 옳지 않은 것은?

① 스포츠행사에서 쓰레기를 줄이기 위한 각종 대책의 마련
② 생태계에 미치는 영향을 최소화한 레저시설의 건립
③ 에너지소비의 최소화를 통한 스포츠시설의 효율적 운영
④ 오염되지 않은 자연환경을 스포츠 공간으로 활용

■자연환경을 스포츠 공간으로 활용하는 것은 자연을 파괴하는 행위이다.

15 보기의 (가)에 해당하는 윤리적 관점에서 제기할 수 있는 (나) 상황의 문제점으로 가장 적절한 것은?

보기

(가) ┌ 만약 한 존재가 고통이나 행복이나 즐거움을 느낄 수 없다면, 고려해야 할 것은 아무것도 없다. 이러한 것이 타자의 이익을 고려할 때, '쾌고감수능력'이라는 기준이 유일하게 옹호되는 이유이다.

(나) ┌ 경마(競馬)는 일정 거리를 말을 타고 달려 그 빠르기를 겨루는 경기이다. 이를 위해 말들은 자신의 의지와 무관하게 고통스러운 훈련을 받고 비좁은 축사에 갇혀 살아가게 된다.

① 동물도 이익에 맞는 동등한 대우를 받아야 한다.
② 모든 생명이 지니고 있는 고유한 가치를 존중해야 한다.
③ 인간의 생존을 위해 동물을 더욱 효율적으로 사육해야 한다.
④ 생태계 전체의 이익을 고려하여 그들의 정체성을 존중해야 한다.

■보기는 피터 싱어(P. Singer)가 주장하는 동물윤리에 관련된 내용으로, 감각을 가진 모든 생명체의 이익이 동등하게 고려되어야 한다는 주장이다.

■피터 싱어는 쾌락을 극대화하고 고통을 최소하는 능력은 어떤 존재가 이익을 갖는다고 할 때 필요충분조건이며, 어떤 존재가 고도의 사고능력을 가지고 있는가보다는 고통이나 쾌감을 느낄 수 있는가가 더욱 중요하다고 주장하였다. 이러한 원칙에 입각하여 인간을 우대하고 동물을 차별하는 태도는 종차별주의라고 비판하였다.

16 보기와 같은 원칙과 이를 주장한 사람을 바르게 짝지은 것은?

보기
쾌락을 극대화하고, 고통을 최소화하는 것은 감각을 가진 모든 생명체의 이익에 동등하게 고려되어야 한다. 따라서 인간뿐 아니라 감각을 가진 동물도 도덕적 배려의 대상이 되어야 한다.

① 동물학대 금지의 원칙 : 플라톤
② 이익평등 고려의 원칙 : 피터 싱어
③ 인간종족 배려의 원칙 : 베이컨
④ 쾌락과 고통의 평등원칙 : 제레미 벤담

정답 14 : ④, 15 : ①, 16 : ②

스포츠윤리 |

17 고통을 느낄 수 있는 존재는 모두 도덕적 고려의 대상이 되어야 한다고 주장함으로써, 동물학대 가능성이 있는 스포츠 종목의 폐지 당위성을 제시한 윤리학자는?

① 싱어(P. Singer)
② 베르크(A. Berque)
③ 레오폴드(A. Leopold)
④ 패스모어(J. Passmore)

필수문제

18 보기의 내용과 연관된 학자의 이론으로 적절하지 않은 것은?

보기
자연중심주의 환경윤리는 환경에 있어서 도덕적 고려의 대상을 자연의 생명체를 포함한 생태계 전체로 확대할 것을 주문한다. 이런 점에서 보면 동물 스포츠라 불리는 스페인의 투우, 한국의 전통 민속놀이인 소싸움 등은 동물을 인간의 오락 대상으로 삼았다는 점에서 윤리적으로 허용되기 어렵다.

① 네스(A. Naess)의 심층적 생태주의
② 베르크(A. Berque)의 환경윤리
③ 슈바이처(A. Schweitzer)의 생명중심주의
④ 레오폴드(A. Leopold)의 대지윤리

■ 네스(심층적 생태주의) : 환경오염 예방이나 경제개발 속도조절 등의 피상적 방법이 아닌 모든 유기체를 본래 생명의 연결망 속에 두어야 한다.
■ 베르크(인간중심 주의/종차별주의) : 인간과 환경을 연결하는 존재론적 혁명은 모든 사람의 기본적인 안전지속 가능성의 조건이다.
■ 슈바이처(생명의 외경) : 모든 생명을 존중하는 생명중심주의를 주장하였다.
■ 레오폴드(대지윤리) : 생물과 무생물이 공존하는 대지에도 도덕적 작위를 부여해야 한다.

필수문제

19 보기의 설명 중 틀린 내용을 모두 고른 것은?

보기
㉠ 승마는 말을 소중하게 다루므로 동물 학대가 아니다.
㉡ 개싸움은 법으로 금지되어 있지만 소싸움은 법으로 권장되고 있으므로 소싸움은 스포츠의 종차별주의와 관련이 없다.
㉢ 물고기를 잡았다가 다시 놓아주면 종차별주의와 관련이 없다.
㉣ 동물실험 윤리위원회에서 동물실험을 제한하는 여러 가지 기준을 정한 것은 동물을 보호하려는 것이다.

① ㉠, ㉡, ㉢
② ㉡, ㉢, ㉣
③ ㉡, ㉢
④ ㉠, ㉡, ㉢, ㉣

■ ㉠ 말을 소중하게 여기더라도 동물 학대이다.
㉡ 종차별주의나 반종차별주의는 도덕 또는 윤리적인 문제이지 법적인 문제가 아니므로 종차별주의와 관련이 있다.
㉢ 물고기가 잡힐 때 괴로운 것은 생각하지 않고 인간만 즐기려는 것이므로 종차별주의이다.
㉣ 동물실험을 제한하는 것은 동물을 보호하려는 것이 아니라 동물에 대한 인간의 도덕을 지키려는 것이다.

정답 17 : ①, 18 : ②, 19 : ④

20 다음 동물스포츠 중에서 그 형식이 다른 것은?

① 경마   ② 승마
③ 폴로   ④ 투우

■사람과 동물의 교감과 호흡을 바탕으로 이루어지는 경기 vs 동물과 사람의 대결로 이루어지는 경기

21 스포츠와 관련하여 종차별주의로 희생되고 있는 동물윤리의 문제로 볼 수 없는 것은?

① 경쟁을 위한 수단
② 유희를 위한 수단
③ 연구를 위한 수단
④ 이동을 위한 수단

■말을 타고 이동하는 것은 말을 희생시키는 것이 아니다.

필수문제

22 보기는 동물윤리에 대한 설명이다. 옳은 것을 모두 고른 것은?

보기
㉠ 동물을 무분별하게 억압하고 가혹한 처우를 하는 것이 잘못이라고 주장하는 것은 반종차별주의이다.
㉡ 인간이 신의 피조물 중에서 으뜸이고, 다른 동물들을 지배할 수 있는 권한을 신으로부터 부여받았다고 주장하는 것은 종차별주의이다.
㉢ 주인 없는 개를 발로 차는 것이 도덕적으로 문제가 없다고 주장하는 것은 종차별주의이다.
㉣ 종차별을 반대하는 것이 반종차별주의이므로 반종차별주의에서는 인간과 동물이 평등하다고 본다.

① ㉠, ㉡   ② ㉡, ㉢   ③ ㉢, ㉣   ④ ㉠, ㉣

■㉠ 적당히 억압하거나 동물에게 약간 불리한 행동을 하는 것은 괜찮다는 것이므로 종차별주의이다.
㉡ 인간이 동물을 지배할 수 있는 권한을 부여받았다는 것은 종차별주의이다.
㉢ 설명과는 반대로 주인이 있는 개를 발로 차면 도덕적으로 문제가 된다는 것이므로 개는 주인의 소유물이다. 그러므로 종차별주의이다.
㉣ 인간이 서로 차이가 있듯이 동물과 사람은 처음부터 차이가 있으므로 동물들에게 그 차이에 걸맞은 대우를 해주어야 한다는 것이 반종차별주의이다.

23 동물실험의 윤리적인 대안인 3R에 해당되지 않는 것은?

① 순화(refine)
② 축소(reduce)
③ 재생(recycle)
④ 대체(replace)

■동물의 고통이 적도록 순화해야 하고, 실험에 이용되는 동물의 수를 축소해야 한다. 가능하면 하등동물이나 식물로 대체해야 하지만, 한 번 실험에 이용한 동물을 다시 이용하라는 **재생**은 없다.

정답   20 : ④, 21 : ④, 22 : ②, 23 : ③

스포츠와 폭력

💡 인간사회에서 폭력이 생기는 원인

플라톤	인간의 본능적 기질에서 나온다.
아리스토텔레스	절제되지 못한 분노가 폭력의 원인이다.
로렌츠	동물적인 본능 때문이다.
마르크스	정당하지는 않지만 필연적으로 폭력이 나올 수밖에 없다(국가권력을 위한 폭력).
한나 아렌트	아무런 생각 없이 시키는 대로 하거나, 이전에 하던 대로 하는 것이 폭력의 원인이다(악의 평범성).
푸코	위계질서와 같은 규율을 가장하여 권력이 생산되고, 그 권력의 행사가 폭력으로 변질될 수 있다(규율과 권력).

💡 스포츠와 폭력의 관계

☞ 스포츠는 인간의 근원적 욕구인 폭력성을 발산하고 구체화시키는 도구의 역할을 한다.
☞ 스포츠는 모의적인 폭력이 사회적으로 인정받고 관습으로 표현되는 영역이다.
☞ 스포츠는 자기통제를 요구하는 구성적 장치와 규제적 규범을 통해서 인간의 폭력성을 제한하고 있다.

💡 스포츠에서 공격성이 나타나는 원인

☞ 자신의 한계를 넘어서고자 하는 도전정신에서 비롯되었다.
☞ 자신의 탁월성을 드러내고자 하는 시도에서 비롯되었다.
☞ 인간의 원초적인 욕망과 살아온 환경으로부터 습득된 것이다.

💡 스포츠의 폭력성에 대한 설명

☞ 인간의 공격욕구를 순치하기 위한 문화이다.
☞ 과녁이나 골대는 인간의 공격욕구를 해소하기 위한 상징적 장난감이다.
☞ 스포츠의 투쟁과 공격은 규칙에 의해서 인간의 폭력성이 통제될 때에만 의미가 있다.

격투스포츠에 대한 윤리적인 평가

☞ 선수들의 폭력성뿐만 아니라 관중들의 폭력성도 증가시킬 수 있다.
☞ 격투스포츠를 인간 수양의 도구로 볼 수도 있다.
☞ 격투스포츠는 인간의 공격성을 정화시키는 역할도 한다.

스포츠폭력

☞ 스포츠경기나 스포츠와 관련해서 남에게 상해를 입히거나 파괴적인 행동을 보이는 것.
☞ 승리지상주의 때문에 스포츠폭력이 발생하고, 반사회적 행위로 변질되거나 학생들이 폭력성을 학습할 수도 있기 때문에 문제가 된다.
☞ 아무런 생각 없이 시키는 대로 하거나, 이전에 하던 대로 하는 것이 스포츠폭력의 원인이다 (악의 평범성).
☞ 위계질서와 같은 규율을 가장하여 권력이 생산되고, 그 권력의 행사가 스포츠폭력으로 변질된다(규율과 권력).
☞ 스포츠폭력을 개인적 폭력과 도구적 폭력으로 구분한다.
   » 개인적 폭력……경기 중에 분노했을 때 총동적으로 표출되는 스포츠폭력
   » 도구적 폭력……개인적 감정과 무관하게 팀의 승리를 위한 수단으로 스포츠폭력을 행사하는 것

관중폭력의 원인

☞ 군중의 일원이 되었을 때 군중의 지배적인 분위기에 휩싸여 공격적이고 파괴적인 행동을 하기 쉽다.
☞ 비교행동학에서는 관중폭력을 인간의 패거리짓기 성향에서 비롯된 것으로 본다.
☞ 개별성과 책임성이 없는 구성원에 의해서 일어난다.
☞ 선수들의 폭력이 관중들의 동조의식을 불러일으켜 관중들의 난동으로 발전한다.
☞ 경쟁의식·배타적 응원 등이 원인이 되고, 선수 간의 신체접촉이 많은 경기일수록 많이 일어난다.

훌리거니즘(hooliganism)

☞ '관중'과 '팬의 무질서'를 합해서 만든 단어이다.
☞ 자기들이 응원하는 팀을 빌미로 폭력을 조장한다.
☞ 자기가 응원하는 팀이 무조건적으로 이기기를 바라기 때문에 생긴다.

필수문제

01 폭력을 설명한 학자의 개념과 그에 대한 설명으로 잘못 연결된 것은?

① 푸코(M. Foucault)의 규율과 권력 - 스포츠계에서 위계적 권력 관계는 폭력으로 변질되어 작동된다.

② 홉스(T. Hobbes)의 폭력론 - 자기가 좋아하는 운동선수의 폭력을 따라하게 되듯이 인간 폭력의 원인을 공격 본능이나 자연 상태가 아닌 모방적 경쟁 관계라 주장한다.

③ 아리스토텔레스(Aristotle)의 분노 - 스포츠 현장에서 인간 내면의 분노 감정에서 시작된 폭력은 전용되고 악순환을 반복하는 경향이 있다.

④ 아렌트(H. Arendt)의 악의 평범성 - 스포츠계에서 폭력과 같은 잘못된 관행에 복종하는 데 익숙해진 나머지 이를 지속시키는 데 기여한다.

■ 폭력을 성찰하는 이론
· 아리스토텔레스 : 분노
· 푸코 : 규율과 권력
· 아렌트 : 악의 평범성
· 홉스 : 만인의 만인에 대한 투쟁
· 로렌츠 : 동물적인 본능
· 플라톤 : 인간의 본능적 기질
· 마르크스 : 국가 권력
· 지라르 : 모방적 경쟁

심화문제

02 폭력을 설명한 학자의 개념과 그에 대한 설명이 바르게 연결된 것은?

① 푸코(M. Foucault)의 '분노' - 스포츠 현장에서 인간 내면의 분노로 시작된 폭력은 전용되고 악순환을 반복하는 경향이 있다.

② 아리스토텔레스(Aristotle)의 '규율과 권력' - 스포츠계에서 위계적 권력 관계는 폭력으로 변질되어 표출된다.

③ 홉스(T. Hobbes)의 '악의 평범성' - 폭력이 관행화 된 스포츠계에서는 폭력에 대한 죄책감이 없어진다.

④ 지라르(R. Girard)의 '모방적 경쟁' - 자신이 닮고자 하는 운동선수를 모방하게 되듯이 인간 폭력의 원인을 공격 본능이 아닌 모방적 경쟁 관계에서 찾는다.

정답 01 : ②, 02 : ④

03 보기의 폭력에 관한 설명과 관계 깊은 사상가는?

> **뒤르켐** : 프랑스의 사회학자, 교육자. 사회학을 학문적 분야로 발전시킴.
> **홉스** : 영국의 철학자, 정치학자. 만인의 만인에 대한 투쟁.
> **지라르** : 프랑스의 정신의학자. 욕망모방 이론.
> **아렌트** : 악의 평범성(아무 생각없이 시키는 대로 하거나 과거에 하던대로 하는 것이 스포츠폭력의 원인)

보기
» 학교 스포츠에서 선수에게 폭력을 가하는 감독도 한 가정의 평범한 가장이다.
» 운동 중 체벌을 가하는 것은 좋은 성적을 거두어야 하는 감독의 직업적 행동이다.
» 후배들에게 체벌을 가한 것은 감독의 지시에 따른 행동으로 나의 책임이 아니다.
» 폭력은 괴물이나 악마처럼 괴이한 존재가 아니라 평범한 일상 속에 함께 있다.
» 악(폭력)을 멈추게 할 유일한 방법은 생각과 반성이다.

① 뒤르켐(E. Durkheim) ② 홉스(T. Hobbes)
③ 지라르(R. Girard) ④ 아렌트(H. Arendt)

심화문제

04 보기의 내용을 가장 잘 설명할 수 있는 개념과 학자가 바르게 연결된 것은?

> **악의 평범성은 아무런 생각없이 시키는 대로 하거나, 과거에 하던 대로 하는 것으로 스포츠폭력의 원인이다.

보기
스포츠계에서는 오랫동안 폭력이 아무런 죄책감 없이 습관처럼 행해지고 있다. 폭력에 길들여진 위계질서와 문화가 폭력을 폭력으로 인식하지 못하게 하고 있다. 이러한 사회에서는 사유(思惟)의 부재로 인해 폭력적이고 억압적인 행위가 지속될 수밖에 없다.

① 악의 평범성 – 한나 아렌트(H. Arendt)
② 책임의 원칙 – 한나 요나스(H. Jonas)
③ 분노 – 아리스토텔레스(Aristoteles)
④ 본능 – 로렌츠(K. Lorenz)

> **국가권력을 위한 폭력을 주장한 사람은 마르크스(Marx)이다. 악의 평범성은 아무런 생각 없이 시키는 대로 하거나, 이전에 하던 대로 하는 것이 폭력의 원인이라고 보는 이론이다. 분노는 절제되지 못한 분노가 폭력의 원인이라는 이론이고, 위계질서와 같은 규율을 가장하여 권력이 생산되고 그 권력의 행사가 폭력으로 변질될 수 있다는 것이 푸코의 규율과 권력이다.

05 폭력에 대한 이론과 주창자를 짝지은 것이다. 잘못 짝지어진 것은?

① 엘리아스 – 국가 권력을 위한 폭력
② 한나 아렌트 – 악의 평범성
③ 아리스토텔레스 – 분노
④ 푸코 – 규율과 권력

정답 (03 : ④, 04 : ①, 05 : ①)

06 문화체육관광부가 지목하고 있는 '스포츠 4대 악'에 해당되지 않는 것은?

① 조직 사유화   ② 승부조작
③ 스포츠도박   ④ (성)폭력

■ 스포츠 4대악
· (성)폭력
· 조직사유화
· 횡령 및 배임
· 승부 조작 및 편파 판정

07 다음 중 옳지 않은 것은?

① 스포츠의 공격성은 자신의 한계를 넘어서고자 하는 도전정신에서 비롯되었다.
② 스포츠의 공격성은 자신의 탁월성을 드러내고자 하는 시도에서 비롯되었다.
③ 스포츠의 공격성은 인간의 원초적인 욕망과 살아온 환경으로부터 습득된 것이다.
④ 스포츠의 공격성을 근절시키려는 것이 페어플레이 정신이다.

■ 페어플레이 정신은 공격성을 근절시키는 것과는 전혀 상관이 없다.

─────────────────────────────

필수문제

08 문화체육관광부는 선수 (성)폭력 사건이 끊이지 않는 원인 중 하나로 (성)폭력행위를 한 선수 또는 지도자에 대한 처벌 기준이 불명확하다고 지적하고 '대한체육회선수위원회규정' (2009)을 전면 개정(2013)하였다. 그 선수위원회규정에 맞는 것은?

① 지도자 : 1차 적발 시 5년 이상 자격정지
② 선수 : 2차 적발 시 5년 이상 자격정지
③ 지도자 : 2차 적발 시 15년 이상 자격정지
④ 선수 : 3차 적발 시 영구 제명

─────────────────────────────

■ 폭력행위를 한 선수 또는 지도자
① 극히 경미한 경우 – 6개월 미만의 자격정지 또는 경고
② 경미한 경우 – 6개월 이상 3년 미만의 자격정지
③ 중대한 경우 – 영구제명
■ 강간한 선수 또는 지도자 – 영구제명
■ 성추행, 성희롱 등을 한 선수 또는 지도자
① 극히 경미한 경우 – 1년 미만의 자격정지
② 경미한 경우 – 1년 이상 5년 미만의 자격정지
③ 중대한 경우 – 5년 이상의 자격정지 또는 영구제명

심화문제

09 스포츠 성폭력 방지책으로 적당하지 않은 것은?

① 체육지도자와 청소년들의 성별 융합 학습교육 실시
② 주변 사람의 묵인과 사회적 무관심
③ 체육단체들의 의무적 예방교육의 필요성
④ 스포츠 성폭력 전문상담원 배치

■ 성폭력을 방지하기 위해서는 주변 사람과 사회에서 끊임없이 관심을 기울여야 한다.

정답   06 : ③, 07 : ④, 08 : ④, 09 : ②

10 성폭력 예방 또는 대처에 대한 설명으로 적절하지 않은 것은?

■ 성폭력 예방 교육은 남녀 상관없이 모든 선수와 지도자에게 실시되어야 한다.

① 선수는 피해 사실을 기록하도록 한다.
② 여성 선수와 남성 지도자 위주로 성폭력 예방 교육이 이루어져야 한다.
③ 성폭력 사실을 고발한 선수가 피해받지 않는 분위기를 조성한다.
④ 선수는 가능한 한 피해 상황에서 즉시 벗어나도록 한다.

필수문제

11 격투스포츠에 대한 윤리적인 평가 중에서 옳지 않은 것은?

① 격투스포츠는 선수들의 폭력성뿐만 아니라 관중들의 폭력성도 증가시킬 수 있다.
② 격투스포츠를 인간 수양의 도구로 볼 수도 있다.
③ 격투스포츠는 윤리적으로 볼 때 스포츠가 될 수 없다.
④ 격투스포츠는 인간의 공격성을 정화시키는 역할도 한다.

■ 격투스포츠가 스포츠가 될 수 없으면 복싱은 스포츠가 아니고 싸움이란 말인가?

심화문제

12 다음 중 옳지 않은 것은?

① 스포츠는 인간의 근원적 욕구인 폭력성을 발산하고 구체화시키는 도구의 역할을 한다.
② 스포츠는 자기통제를 요구하는 구성적 장치와 규제적 규범을 통해서 인간의 폭력성을 제한하고 있다.
③ 스포츠는 모의적인 폭력이 사회적으로 인정받고 관습으로 표현되는 영역이다.
④ 이종격투기는 처음부터 상대를 제압하려는 것을 목표로 하기 때문에 스포츠가 아니다.

■ 이종격투기도 규칙이 있고, 그 규칙을 지키면서 경기하기 때문에 스포츠다.

13 이종격투기에서 나타나는 사회 윤리적 측면의 문제는?

① 폭력에 대한 무감각 및 중독 초래
② 자기 신체방어 기술의 증가
③ 경기 패배로 인한 자신감 감소
④ 신체수련을 통한 정신력 강화

■ 이종격투기는 폭력을 스포츠화한 것으로 엄격한 규칙에 의해 이루어지므로 스포츠라고도 볼 수 있지만, 폭력과 관련된 윤리적인 문제도 여전히 남아 있다.

정답 (10 : ②, 11 : ③, 12 : ④, 13 : ①)

14 보기의 대화에서 ㉠, ㉡에 들어갈 용어는?

> 보기
>
> 재형: 스포츠에서 통제된 힘의 사용은 정당한 폭력이며, 스포츠에서는 이런 폭력을 (㉠)이라고 불러.
>
> 해리: 난 스포츠에서 일어나는 폭력은 근본적으로 (㉡)이 있는 것 같아. 왜냐하면 스포츠는 폭력적인 성향의 분출을 자극하면서 동시에 감시하고 제어하잖아.

	㉠	㉡
①	용인된 폭력	특수성
②	본질적 폭력	이중성
③	자기 목적적 폭력	특수성
④	자기 목적적 폭력	이중성

■스포츠 상황에서 통제된 힘의 사용은 정당한 폭력으로 보아 **자기 목적적 폭력** 또는 **용인된 폭력**이라고 한다. 이때 발생하는 폭력은 일반적인 상황에서 일어나는 폭력과는 달리 **특수성** 또는 **이중성**을 가지고 있다.

심화문제

15 보기의 괄호 안에 공통으로 들어갈 용어는?

> 보기
>
> 예진: 스포츠에는 규칙으로 통제된 (   )이 존재해. 대표적으로 복싱과 태권도와 같은 투기종목은 최소한의 안전장치가 마련되고, 그 속에서 힘의 우열이 가려지는 것이지. 따라서 스포츠 내에서 폭력은 용인된 폭력과 그렇지 않은 폭력으로 구분할 수 있어!
>
> 승현: 아니, 내 생각은 달라! 스포츠 내에서의 폭력과 일상 생활에서의 폭력은 본질적으로 동일하지. 그래서 (   )은 존재할 수 없어.

① 합법적 폭력　　　　　　　② 부당한 폭력
③ 비목적적 폭력　　　　　　④ 반사회적 폭력

■스포츠에서 용인된 폭력은 **합법적 폭력**이라고 할 수 있다.

16 대한체육회의 스포츠인권센터에서 규정하고 있는 선수폭력에 해당되지 않는 것은?

① 따돌림　　　　② 감금　　　　③ 고강도 훈련　　　　④ 협박

■고강도훈련은 실력 향상을 위한 것이지 폭력이 아니다.

17 선수 또는 지도자가 판정에 불만을 갖게 됨으로써 심판에게 가하는 폭력의 원인으로 지목되는 것은 무엇인가?

① 선수 및 지도자의 자기 분노조절 실패　　② 승부에서의 패배
③ 경기에서 부상　　　　　　　　　　　　④ 관중폭력

정답　14 : ①, ③, ④, 15 : ①, 16 : ③, 17 : ①

18 스포츠현장에서 라이벌 선수와 상대 팀에 대하여 폭력상황이 발생하는 이유는 무엇인가?

① 스포츠맨십   ② 자연주의   ③ 승리지상주의   ④ 이상주의

19 2013년에 발표한 '스포츠 폭력 근절대책'에서 '폭력 예방활동 강화'를 위한 방안에 해당하지 않는 것은?

■폭력 행위를 한 선수는 보호할 가치가 없다.

① 폭력 지도자 체육 현장에서 배제   ② 선수 지도 우수 모델 확산
③ 폭력 가해 선수 보호 및 지원 강화   ④ 인성이 중시되는 학교운동부 정착

20 스포츠의 폭력성에 대한 설명으로 타당하지 못한 것은?

① 인간의 공격욕구를 순치하기 위한 문화이다.
② 원시적인 폭력 충동을 강화시키기 위한 놀이이다.
③ 과녁이나 골대는 인간의 공격욕구를 해소하기 위한 상징적 장난감이다.
④ 스포츠의 투쟁과 공격은 규칙에 의해서 인간의 공격성과 투쟁성이 통제되어야
만 의미를 갖는다.

■스포츠는 폭력 충동을 강화시키는 것이 아니라 해소시키기 위한 것이다.

필수문제

21 관중폭력에 대한 설명으로 적절하지 않은 것은?

■관중폭력은 군중심리에 의해 다수가 모여 있을 때 더욱 발생하기 쉽다. 홀리거니즘은 스포츠팀 응원을 핑계로 폭력적인 행동을 조장하는 것이다.

① 선수나 심판에 대한 욕설이나 비방도 넓은 의미에서 관중폭력에 해당한다.
② 신체적 폭행이 아닌 경기 시설물을 파괴하는 행위도 관중폭력에 해당한다.
③ 군중으로 있을 때보다 선수와 단둘이 있을 때 상대적으로 발생하기 쉽다.
④ 축구팬의 홀리거니즘(hooliganism)은 관중폭력의 실제 사례 중 하나이다.

심화문제

22 괄호 안에 들어갈 말로 올바른 것은?

■관중폭력은 스포츠에 참여하는 사람들의 **태도**와 지역사회의 지지에 중요한 영향을 미친다. 이 때문에 젊은 사람들이 비윤리적 행위를 하지 않도록 **윤리적 가치관**을 고쳐시킬 필요가 있다.

> 보기
> 관중 폭력은 스포츠 참여에 대한 사람들의 (   )와(과) 스포츠에 대한 지역
> 사회의 지지에 중요한 영향을 미친다. 그래서 젊은이들이 비윤리적 행위를 거
> 부하도록 적절한 (   )을 고쳐시키는 것이 매우 중요하다.

① 태도 – 윤리적 가치관   ② 규범 – 법리적 공공성
③ 윤리 – 사회적 합리성   ④ 시선 – 합리적 타당성

정답   18 : ③, 19 : ③, 20 : ②, 21 : ③, 22 : ①

23 경기장에서 발생하는 관중폭력에 대한 설명으로 옳지 않은 것은?

① 신체 접촉이 많은 종목일수록 증가하는 경향이 있다.
② 개별성과 책임성이 강한 개인화된 구성원에 의해 일어난다.
③ 경기 성격, 라이벌 의식, 배타적 응원문화 등이 원인이다.
④ 선수폭력에 동조하는 관중에 의해 발생하는 경향이 있다.

■ 관중폭력은 개별성과 책임성이 없는 구성원들의 집단행동에 의해서 일어난다.

24 보기는 관중폭력 또는 관중난동에 대한 설명이다. 옳은 것을 모두 고른 것은?

> 보기
> ㉠ 관중은 개인이 아닌 군중의 일원이 되었을 때 군중의 지배적인 분위기에 휩싸여 공격적이고 파괴적인 행동을 하기 쉽다.
> ㉡ 선수나 심판에 대한 고함과 욕설은 관중폭력이 아니다.
> ㉢ 비교행동학에서는 관중폭력을 인간의 패거리짓기 성향에서 비롯된 것으로 본다.
> ㉣ 한일 축구경기에서 우리나라 선수들을 일방적으로 응원하는 것도 관중폭력의 하나이다.

① ㉠, ㉢   ② ㉠, ㉡, ㉢
③ ㉠, ㉡, ㉣   ④ ㉠, ㉢, ㉣

■ 고함이나 욕설은 관중의 언어폭력이다. 일방적으로 응원하는 것은 폭력이라고 할 수 없다.

25 보기에서 설명하는 사건과 거리가 먼 것은?

> 보기
> » 1964년 리마에서 개최된 페루·아르헨티나의 축구 경기에서 경기장 내 폭력으로 300여 명 사망
> » 1969년 온두라스와 엘살바도르의 축구 전쟁
> » 1985년 벨기에 헤이젤 경기장에서 열린 리버풀과 유벤투스의 경기에서 응원단이 충돌하여 39명 사망

① 경기 중 관중의 폭력   ② 아파르트헤이트(Apartheid)
③ 위협적 응원문화   ④ 훌리거니즘(hooliganism)

■ 아파르트헤이트는 아프리칸스어로 분리, 격리를 뜻하며, 냉전 당시부터 남아프리카공화국의 국민당 정부가 실시한 인종차별 정책임.
■ 훌리거니즘이란 '관중'과 '팬의 무질서'가 합해진 말로, 무조건 자기가 응원하는 팀의 승리를 바라기 때문에 생기는 폭력이다.

26 훌리거니즘에 대한 설명 중 옳지 못한 것은?

① 자기들이 응원하는 팀을 빌미로 폭력을 조장한다.
② '관중'과 '팬의 무질서'를 합해서 만든 단어이다.
③ 경기가 있는 날에만 난동을 부린다.
④ 자기가 응원하는 팀이 우승하기를 무조건적으로 바라기 때문에 생긴다.

■ 훌리건들의 난동은 경기가 있는 날에만 있는 것이 아니다.

정답 23 : ②, 24 : ①, 25 : ②, 26 : ③

경기력 향상과 공정성

도핑의 의미

운동수행능력을 향상시킬 목적으로 선수나 동물에게 약물을 투여하거나 특수한 이학적 처치를 하는 것을 도핑이라고 한다.

☞ 아프리카의 한 부족이 전통의식을 행할 때 사기를 고양시킬 목적으로 마시던 술이나 음료에서 유래되었다.

☞ 고대 그리스와 로마에서도 도핑을 했고, 근대에는 헤로인이나 코카인을 섭취하여 도핑을 했다.

☞ 구 소련과 동구 선수들이 남성호르몬의 일종인 테스토스테론을 투여한 부작용이 나타나면서부터 금지해야 한다는 주장이 나오기 시작했다.

☞ 상시 금지약물, 경기기간 중 금지약물, 특정종목 금지약물로 나누어진다(예 : 양궁에서는 알코올을 금지약물로 지정하고 있다).

도핑을 금지하는 이유

☞ 도핑을 하면 공정성이 훼손된다.

☞ 도핑을 하면 건강상의 부작용이 나타난다.

☞ 코치나 감독 등의 강요에 못이겨서 할 수도 있다.

☞ 자신이 우상으로 삼고 있는 선수의 행동을 따라서 할 수도 있다.

효과적인 도핑금지 방안

⊛ 윤리교육의 강화

⊛ 도핑검사의 강화

⊛ 강경한 처벌

유전자 도핑

치료목적 이외의 목적으로 세포나 유전자를 이용하거나 조작하는 행위

☞ 유전자를 조작해서 운동수행능력을 높이는 행위이다.

☞ 현재까지는 확실한 사례가 없지만 유전자도핑은 금지행위이다.

☞ 적발하기 어렵다.

💡 유전자도핑이 금지되어야 하는 이유

인간의 존엄성을 침해한다	주문 생산된 인간의 기량이 뛰어날 것이다.
종의 정체성에 혼란을 야기한다	동물의 유전자를 일부 가지고 있으면 인간인가? 동물인가?
스포츠사회에 무질서를 초래한다	승리를 위해서 노력한다는 의미가 없어진다.
안전성이 검증되지 않았다	유전자도핑으로 사망하거나 다른 질병이 생길 수도 있다.

💡 스포츠에서 최첨단 생체공학 기술의 사용 문제

☞ 스포츠가 첨단기술의 경연장으로 변질될 수도 있다.
☞ 스포츠가 인간과 기계의 경쟁으로 변질될 수도 있다.
☞ 스포츠에서 기록의 가치를 떨어뜨리고, 노력이라는 정신적 가치를 소홀히 할 수도 있다.
☞ 공정성 또는 형평성에 문제가 생긴다.

💡 스포츠에서 공학기술의 역할

안전을 위한 기술	농구화, 유도의 매트, 마라톤화
감시를 위한 기술	도핑검사, 전자계측장비, 사진판독, 전자호구
운동수행 능력 향상을 위한 기술	스파이크, 전신수영복, 섬유유리 장대, 디스크자전거
기타	의족장애선수가 일반선수와 함께 경기하는 것은 공정한가? 만약 의족 때문에 더 빨리 달릴 수 있다면?

필수문제

01 보기의 도핑에 대한 설명 중 옳은 문장을 모두 고른 것은?

보기
㉠ 아프리카의 한 부족이 전통의식을 행할 때 사기를 고양시킬 목적으로 마시던 술이나 음료에서 유래되었다.
㉡ 고대 그리스와 로마에서도 도핑을 했다.
㉢ 현대적인 도핑은 남성호르몬의 일종인 테스토스테론을 투여하면서부터 시작되었다.
㉣ 금지약물이더라도 치료목적으로 사용하면 괜찮다.
㉤ 알코올도 금지약물에 들어간다.

① ㉠, ㉡, ㉢   ② ㉡, ㉢, ㉣
③ ㉠, ㉡, ㉤   ④ ㉡, ㉢, ㉤

필수문제

02 보기의 스포츠 현장에서 발생하는 도핑(약물복용)의 원인을 모두 고른 것은?

보기
㉠ 선수 또는 동물의 수행능력 향상을 위한 것이다.
㉡ 상대와의 경쟁에서 승리하기 위한 것이다.
㉢ 물질적 보상이 동기가 되기 때문이다.
㉣ 경기에 참가하고 싶은 지나친 욕구 때문이다.

① ㉠, ㉡, ㉣   ② ㉠, ㉡, ㉢
③ ㉡, ㉢, ㉣   ④ ㉠, ㉡, ㉢, ㉣

심화문제

03 다음 중 세계도핑방지위원회(2015년 현재)에서 '상시 금지약물'로 지정한 것이 아닌 것은?

① P1. 알코올   ② S1. 동화작용제
③ S3. 베타-2 작용제   ④ S5. 이뇨제 및 기타 은폐제

정답 (01 : ③, 02 : ④, 03 : ①)

04 도핑에 대한 설명 중 옳지 못한 것은?

① 세계반도핑기구에서 매년 금지약물을 선정해서 발표한다.
② 금지약물을 복용해야만 도핑방지규정 위반이다.
③ '치료목적 사용 면책'이라는 규정도 있다.
④ 금지약물을 상시금지약물, 경기기간 중 금지약물, 특정스포츠 금지약물로 분류한다.

■ 금지약물의 복용, 사용의 은폐, 부정거래 등도 모두 규정위반이고, 시도만 해도 위반이다.

05 다음은 무엇에 대한 설명인가?

> 선수가 운동경기에서 성적을 향상시킬 목적으로 약물을 사용하거나 특수한 이학적 처치를 하는 일.

① 심폐소생술   ② 운동처방 및 재활   ③ 도핑   ④ 웨이트 트레이닝

06 도핑 행위로 볼 수 없는 것은?

① 식이요법을 통한 글리코겐 로딩   ② 아나볼릭 스테로이드 투여
③ 프로야구에서 압축배트의 사용   ④ 적혈구생성촉진인자 투여

■ 식이요법은 도핑이 아니다.

필수문제

07 보기에서 스포츠 선수의 유전자 도핑을 반대해야 하는 이유로 적절한 것을 모두 고른 것은?

> 보기
> ㉠ 선수의 신체를 실험 대상화하여 기계나 물질로 이해하도록 만들기 때문
> ㉡ 유전자조작 인간과 자연적 인간 사이에 갈등을 초래하기 때문
> ㉢ 생명체로서 인간의 본질을 훼손하고 존엄성을 부정하기 때문
> ㉣ 선수를 우생학적 개량의 대상으로 만들기 때문

① ㉠, ㉢   ② ㉡, ㉢   ③ ㉠, ㉡, ㉣   ④ ㉠, ㉡, ㉢, ㉣

■ 유전자 도핑 금지 이유
· 인간의 존엄성 침해
· 종의 정체성 혼란
· 스포츠 사회에 무질서 초래
· 안전성 침해

심화문제

08 도핑을 금지해야 하는 이유 중 보기의 사례와 가장 관련이 깊은 것은?

> 보기
> 러시아는 국가가 주도적으로 자국의 선수들에게 원치 않는 금지약물을 사용하게 하고, 도핑 검사결과를 조작하였다.

① 공정성   ② 역할모형   ③ 강요   ④ 건강상의 부작용

■ 보기는 국가가 도핑을 **강요**했으며, 검사결과를 조작함으로써 **공정성**에 어긋나는 행위를 한 예이다.

정답 04 : ②, 05 : ③, 06 : ①, 07 : ④, 08 : ①, ③

■유전자도핑은 선수들이 치료목적이 아닌 운동수행능력의 향상을 위해 유전적 요법을 사용하는 것이다. 아직 검증되지 않은 요법이므로 건강에 위험을 초래할 수 있다.

09 유전자도핑이 금지되어야 하는 이유로 가장 적절한 것은?

① 일반인 및 선수 생명의 보호 때문에
② 에이즈 및 전염병 발생 때문에
③ 인위적 기록향상이 인간의 탁월성을 침해하기 때문에
④ 안전성이 검증되지 않았기 때문에

■의약품의 사용을 제한하면 환자를 어떻게 치료하나!

10 도핑을 금지해야 하는 이유로 올바르지 않은 것은?

① 스포츠와 인간 공동 추구의 기본적 즐거움을 감소시키기 때문에
② 도핑을 통해 경기수행에 부당한 이익을 얻는 것을 방지하기 위해서
③ 약물투여로 인해 발생하는 해로운 부작용으로부터 선수를 보호하기 위해서
④ 의학적으로 사용되는 약물 사용을 제한하기 위해서

11 보기에 해당하는 도핑 금지 이유는?

> 청소년 선수들은 유명 선수의 도핑을 모방할 가능성이 크며, 그렇게 될 경우 약물오남용이 사회적으로 크게 확산될 위험성이 있다.

■유명 선수의 도핑행위를 청소년 선수들이 따라할 수 있으므로 금지해야 한다.

① 부정적 역할 모형   ② 자연성의 훼손
③ 타자 피해의 발생   ④ 건강상의 부작용

■WADA에서는 금지약물을 상시금지약물, 경기기간 중 금지약물, 특정스포츠금지약물로 구분하고, 상시금지약물은 치료목적으로 먹더라도 WADA의 승인을 받도록 하였음.

12 도핑검사에서 선수의 역할 및 책임으로 적절하지 않은 것은?

① 의료진에게 운동선수임을 고지해야 한다.
② 치료목적으로 처방되어 사용(복용)한 물질에 대해서는 책임지지 않는다.
③ 시료채취가 언제든 가능하도록 해야 한다.
④ 도핑방지규정위반을 조사하는 도핑방지기구에 협력해야 한다.

■효과적인 도핑금지 방안
· 윤리 · 도덕 교육 강화
· 도핑 검사 강화
· 강력한 처벌

필수문제

13 효과적인 도핑 금지 방안이 아닌 것은?

① 윤리 교육   ② 신약 개발   ③ 검사 강화   ④ 강한 처벌

심화문제

■도핑기술이 점점 더 발달하기 때문에 별 수 없이 금지약물의 종류를 확대할 수밖에 없다.

14 다음 중 효과적인 도핑방지 방법이라고 보기 어려운 것은?

① 윤리교육   ② 금지약물의 확대
③ 도핑검사의 강화   ④ 적발 시 강경한 처벌

정답 09 : ①, 10 : ④, 11 : ①, 12 : ②, 13 : ②, 14 : ②

15 세계반도핑규약(WADC)에서 규정하고 있는 도핑 금지방법에 해당하지 않은 것은?

① 물리적 조작   ② 화학적 조작   ③ 침술의 활용   ④ 유전자 도핑

■ 침술은 합법적 치료 방법으로 도핑 금지방법에 해당되지 않는다.

16 도핑을 방지하기 위한 방안으로 옳지 않은 것은?

① 윤리교육을 통한 의식 변화   ② 도핑 검사의 강화
③ 적발 시 강력한 처벌   ④ 승리에 대한 보상 강화

■ 승리에 대한 보상이 클수록 도핑을 할 가능성이 커진다.

필수문제

17 유전자도핑에 대한 설명 중 옳지 못한 것은?

① 유전자를 조작해서 운동수행능력을 높이는 행위이다.
② 현재까지는 유전자도핑을 했다는 확실한 사례가 없다.
③ 사례가 없으므로 아직까지는 도핑행위로 규정하지 않고 있다.
④ 소변검사 또는 혈액검사로는 적발할 수 없다.

■ 유전자도핑의 가능성 때문에 이미 도핑으로 정의하고 있다.

필수문제

18 의족을 착용한 장애인 선수가 일반선수의 경기에 참가하려고 할 때 다음 중 가장 옳은 것은?

① 장애를 이기고 일반선수와 경쟁하려고 하는 용기가 가상하므로 참가시켜야 한다.
② 일반선수에게 질 것이 뻔하므로 참가시키지 않아야 한다.
③ 의족이 발보다 더 좋은 성능을 발휘한다는 증거가 있으면 참가시키지 않아야 한다.
④ 의족이 발보다 더 좋은 성능을 발휘할 수 없으므로 참가시켜야 한다.

■ 최첨단 생체공학 기술의 사용은 공정성 또는 형평성에 문제가 있다.

심화문제

19 보기에서 국제육상경기연맹(IFFA)이 출전금지를 판단한 이유는?

> 보기
> 2011년 대구세계육상선수권대회에서 남아프리카공화국의 의족 스프린터 피스토리우스(O. Pistorius)는 비장애인육상경기에 참가신청을 했으나, 국제육상경기연맹은 경기에 사용되는 의족의 탄성이 피스토리우스에게 유리하다는 이유로 출전을 허용하지 않았다고 한다.

① 인종적 불공정   ② 성(性)적 불공정   ③ 기술적 불공정   ④ 계급적 불공정

정답   15 : ③, 16 : ④, 17 : ③, 18 : ③, 19 : ③

20 스포츠에 도입된 과학기술의 긍정적인 효과로 적절하지 않은 것은?

① 운동선수의 인격 형성에 기여한다.

② 기록의 객관성과 신뢰성을 높인다.

③ 운동선수의 안전과 부상 방지에 도움을 준다.

④ 오심과 편파판정을 최소화하여 경기의 공정성을 향상시킨다.

▪운동선수의 인격 형성과 스포츠에 과학기술의 도입은 관계가 없다.

21 보기에서 국제수영연맹(FINA)이 기술도핑을 금지한 이유는?

> 보기
> 2008년 베이징올림픽 수영종목에서는 25개의 세계신기록이 쏟아져 나왔다. 주목할만한 것이 23개의 세계신기록이 소위 최첨단 수영복이라 불리는 엘지 알 레이서(LZR Racer)를 착용한 선수들에 의해 수립되었다는 것이다. 그러나 이 같은 수영복을 하나의 기술도핑으로 간주한 국제수영연맹은 2010년부터 최첨단 수영복의 착용을 금지하였다.

① 효율성 추구   ② 유희성 추구

③ 공정성 추구   ④ 도전성 추구

▪최첨단 수영복이나 야구경기에서 압축배트의 사용은 경기의 공정성을 해치는 행위이다.

22 스포츠 경기에 적용되는 과학기술에 관한 설명으로 옳지 않은 것은?

① 유전자 치료를 통한 스포츠 수행력의 향상은 일종의 도핑에 해당한다.

② 야구의 압축배트, 최첨단 전신수영복 등은 경기의 공정성 확보에 기여한다.

③ 도핑 시스템은 선수의 불공정한 행위를 감시하고 적발하는 데 도움이 된다.

④ 태권도의 전자호구, 축구의 비디오 보조 심판(VAR : Video Assistant Referees) 은 기록의 객관성과 신뢰성을 높인다.

▪② 압축배트나 최첨단 전신수영복은 경기의 공정성을 해치는 행위이다.

23 보기 중 공정성을 해치는 행위라고 하기 어려운 것을 모두 고른 것은?

> 보기
> ㉠ 자신의 혈액에서 적혈구를 뽑아 두었다가 경기 전날 자신에게 주사
> ㉡ LZR Racer 수영복 착용
> ㉢ 장애인 골프선수가 골프카트를 이용
> ㉣ 펜싱선수가 비디오판독 요청

① ㉠, ㉡   ② ㉢, ㉣   ③ ㉡, ㉢   ④ ㉠, ㉣

▪장애인선수가 골프카트를 이용하는 것과 비디오판독 요청은 공정성을 해치는 행위라고 할 수 없다.

정답 20 : ①, 21 : ③, 22 : ②, 23 : ②

24 최근 스포츠에 최첨단 기술이 적용되어 기록이 많이 향상되었지만, 그것이 윤리적으로 문제가 있다는 주장이 늘어나고 있다. 그 이유와 거리가 먼 것은?

① 스포츠가 첨단기술의 경연장으로 변질될 수도 있다.
② 스포츠가 인간과 기계의 경쟁으로 변질될 수도 있다.
③ 스포츠의 정신적 가치를 소홀히 할 수도 있다.
④ 선수들의 신체적 능력을 너무 많이 발달시킬 수도 있다.

■ 최첨단 기술의 적용은 선수들의 신체적 능력을 발달시키지 않는다.

필수문제

25 다음 중 Maschke(2009)가 스포츠에서 과학기술이 하는 역할을 3가지로 분류한 내용에 해당되지 않는 것은?

① 안전을 위한 기술
② 감시를 위한 기술
③ 수행능력 향상을 위한 기술
④ 장비 개량을 위한 기술

■ 매쉬케는 스포츠에서 이용되는 과학기술을 안전을 위한 기술, 감시를 위한 기술, 수행능력 향상을 위한 기술로 분류하였다.

심화문제

26 전신수영복 착용을 금지한 이유라고 볼 수 없는 것은?

① 인간의 신체적 기능성을 지나치게 증대시키므로
② 공정성 또는 평등성에 어긋나므로
③ 기록의 가치를 떨어뜨리므로
④ 스포츠가 신체의 탁월성보다는 기술의 우수성을 겨루는 것으로 변질될 수도 있으므로

■ 전신수영복을 입으면 인간의 신체적 기능성을 오히려 저하시킨다.

27 스포츠의 지속 가능한 발전에 관한 설명으로 적절하지 않은 것은?

① 새로운 스포츠 시설의 개발 금지
② 스포츠 시설의 개발과 자연환경의 공존
③ 건강한 인간과 건강한 자연환경의 공존
④ 스포츠만의 환경 운동이 아닌 국가적, 국제적 협력과 공조

■ 새로운 스포츠 시설의 개발을 금지시키면 스포츠가 발전될까?

정답 (24 : ④, 25 : ④, 26 : ①, 27 : ①)

CHAPTER 07

스포츠와 인권

💡 학생선수의 인권문제

승리지상주의와 결과주의를 지향하는 방향으로 학교운동부를 운영하는 과정에서 학생선수들을 비인간적으로 대우하기 때문에 학생선수의 인권문제가 생긴다.

☞ 학생선수들은 선배와 지도자의 폭력과 성폭력에 쉽게 노출되어 있다.
☞ 팀의 승리를 위한 도구로 사용되고 있다(도구화 또는 인간으로부터의 소외).
☞ 운동에만 전념하도록 강요받고 있다(학생으로서의 정체성 상실 또는 학습권 상실).
☞ 부상을 당했어도 고통을 무릅쓰고 운동을 지속해야 한다(신체로부터의 소외).
☞ 운동과정에서 주체성을 잃고 자율성을 억압당하고 있다(스포츠로부터의 소외).
☞ 상급학교, 실업팀, 프로팀 등에 판매하기 위한 상품으로 이용되고 있다(상품화).

💡 학생선수의 생활권문제

승리, 진학, 또는 취업을 목표로 한다는 미명 아래 자율적인 생활을 보장받지 못하고, 합숙소에서 생활하기 때문에 학생선수의 생활권문제가 생긴다. 성폭력에 가장 취약하다.

💡 학생선수의 학습권문제

우리나라는 제3공화국부터 국위를 선양하기 위한 엘리트스포츠 정책을 기반으로 학교체육이 발전되어 왔기 때문에 초등학교에서부터 대학교까지 우수선수를 육성하기 위해서 선수들을 집중적으로 훈련시켜왔다. 자연히 학생선수들은 거의(전혀) 공부하지 않고 운동만 할 수밖에 없었기 때문에 학습권 문제가 발생하게 되었다. 학습권문제를 해결하기 위한 방안으로 최저학력제와 주말리그제를 도입하였다

1 최저학력제
학생선수의 성적이 같은 학교·같은 학년 전체평균의 몇 %에 미달되면 학교장이 출전을 정지시키고, 특별 학습을 시키는 제도이다.
- ⓐ 초등학교……국어, 영어, 수학, 과학, 사회   50% 미만
- ⓐ 중학교……국어, 영어, 수학, 과학, 사회   40% 미만
- ⓐ 고등학교……국어, 영어, 수학   30% 미만

2 의의
☞ 운동만 하는 학생선수에서 운동도 하는 학생으로 변화시키자는 것이다.
☞ 학생선수들에게 다양한 진로를 선택할 수 있는 기회를 제공하기 위한 것이다.
☞ 중도 탈락이나 은퇴 후 사회에 적응하는 데 필요한 기초적인 교양을 갖추게 하려는 것이다.

3 문제점

☞ 학생선수들은 공부를 해야 한다는 것을 인정하면서도 공부를 두려워 한다.

☞ 지도자들은 훈련부족으로 경기성적이 나오지 않을 것을 걱정하고 있다.

☞ 학부모들은 선수로 성공하는 것을 방해하는 나쁜 제도로 인식하고 있다.

☞ 선배들은 공부해야 된다고 적극적으로 찬성하지만 실효적인 지배력이 없다.

4 주말리그제

학생선수들이 평소에 학교에서 공부할 수 있도록 지역 단위로 리그를 도입하고, 시합은 주말에만 하자는 제도이다. 말로는 그럴 듯하지만, 실력이 비슷한 팀들이 같은 지역에 없으면 곤란하다.

💡 스포츠지도자가 폭력을 휘두를 수 있는 이유

지도자가 무소불위의 권력을 가지고 있기 때문이다.

→ 지도자는 선수들이 현명한 선택을 할 수 있도록 돕는 사람이 되어야 한다.

☞ 팀과 관련된 모든 것을 결정할 수 있는 결정권자이다.

☞ 팀의 전략과 전술을 지휘하는 최고의 위치에 있다.

☞ 선수들의 진로와 연봉에 영향력을 미칠 수 있다.

☞ 감사나 통제를 받지 않는다.

☞ 경기 출전권을 가지고 있다.

💡 폭력의 공통점

ⓐ 계속적이다.　　　ⓐ 상호적이다.　　　ⓐ 동일성이 있다.

ⓐ 폭력이 폭력을 낳는다.　　　ⓐ 정당화하려고 한다.

💡 어린이 운동선수의 보호 방안

ⓐ 무리하게 운동을 시키지 말 것.　　　ⓐ 이기는 것보다 기초기술 위주로 훈련시킬 것.

ⓐ 공부와 운동을 병행할 것.　　　ⓐ 체벌을 가하지 말 것.

ⓐ 스포츠 자체의 즐거움과 재미 위주로 훈련시킬 것.

💡 학교체육의 인성 교육적 가치

☞ 스포츠활동은 부정적인 정서를 감소시키고 긍정적인 정서를 증진시킨다.

☞ 타인에 대한 정서적 공감능력을 향상시킨다.

☞ 집중력과 주의력 등 지적기능 발달의 토대가 된다.

☞ 창의적인 사고기술과 비판적 판단능력을 향상시킨다.

☞ 일탈을 방지하고 친사회적인 행동 및 생활기술을 향상시킨다.

■학생선수의 인권문제(p. 80) 참조.

■보기는 인권, 평등, 교육과 관련한 내용이다. 이것을 전부 포괄하는 개념은 스포츠와 인권이라고 볼 수 있다.

필수문제

01 학교운동부가 인권의 사각지대에 놓이게 된 원인이라고 보기 어려운 것은?

① 학생들 스스로가 인권보다는 스포츠 기술이 더 중요하다고 생각했기 때문에
② 엘리트스포츠 장려 정책의 영향으로 승리지상주의가 만연했기 때문에
③ 스포츠 지도자들이 운동부를 파행적으로 운영했기 때문에
④ 학생선수를 스포츠 도구로 보았기 때문에

심화문제

02 보기의 법 또는 헌장이 지향하고 있는 개념으로 가장 적절한 것은?

> 보기
> » 모든 국민은 인간으로서 존엄과 가치를 가지며, 행복을 추구할 권리를 가진다(헌법 제10조).
> » 어느 국가 또는 개인에 대해서도 인종 · 종교 또는 정치상의 이유로 차별대우해서는 안 된다(올림픽 헌장 6조).
> » 학교의 장은 학생선수가 일정 수준의 학력기준에 도달하지 못한 경우에는 별도의 기초학력보장 프로그램을 운영하여 최저학력이 보장될 수 있도록 노력하여야 하며, 필요할 경우 경기대회 출전을 제한할 수 있다(학교체육진흥법 제11조).

① 스포츠와 평등   ② 스포츠와 인권   ③ 스포츠와 환경   ④ 스포츠와 교육

필수문제

03 다음 중 학교체육의 인성 교육적 가치에 해당되지 않는 것은?

① 긍정적 정서와 타인에 대한 정서적 공감능력을 향상시킨다.
② 전략적 · 창의적 사고기술과 비판적 · 도덕적 판단능력을 함양시킨다.
③ 친사회적 행동과 도덕적 성품을 발달시킨다.
④ 인성교육의 내용 · 효과 · 방법 등에 대한 검증을 할 수 있다.

■학교체육으로 검증할 수 있는 것도 있지만, 검증하기 어려운 것도 많다.

심화문제

04 학교체육에서 반사회적인 행위를 순화 및 구제시켜주는 체육의 심리학적 가치는?

① 근원적 경향의 제어   ② 개인주의의 억제
③ 인본주의의 가치   ④ 욕구불만의 해소

정답 01 : ①, 02 : ②, 03 : ④, 04 : ①

05 보기에서 스포츠 인권에 대한 내용을 모두 고른 것은?

> 보기
> ㉠ 모든 사람은 평등하게 스포츠와 신체활동에 참여할 권리를 가진다.
> ㉡ 국가 차원에서 체계적인 스포츠 인권 정책을 마련해야 한다.
> ㉢ 스포츠의 종목이나 대상에 따라 권리가 상대적으로 보장되어야 한다.
> ㉣ 국가는 장애인이 스포츠 활동 참여의 권리를 동등하게 보장받도록 노력해야 한다.

① ㉠, ㉢   ② ㉠, ㉣   ③ ㉠, ㉡, ㉢   ④ ㉠, ㉡, ㉣

■㉢ 스포츠의 종목이나 대상을 구별하지 않고 권리가 보장되어야 한다.

06 스포츠 인권에 대한 설명으로 옳지 않은 것은?

① 스포츠에서 가져야 할 인간의 존엄성을 말한다.
② 스포츠에서 가져야 할 인간의 자유에 대한 권리이다.
③ 스포츠의 종목이나 대상에 따라 상대적으로 보장되는 권리이다.
④ 인종이나 성별에 관계없이 누구나 스포츠를 동등하게 누릴 수 있는 권리이다.

■스포츠 인권은 절대적으로 보장되는 권리이다.

필수문제

07 보기의 대화에서 ㉠, ㉡에 들어갈 학교체육진흥법과 관련된 용어가 바르게 나열된 것은?

> 보기
> A : (㉠)가 도입되면서부터 운동할 시간이 줄어들었어.
> B : 그것은 지금까지 우리가 (㉡)을 보장 받지 못했기 때문이야.
> A : 그래도 갑작스러운 (㉠) 도입은 형평성에 문제가 있어. 일반학생들은 공부하기 싫으면 안 해도 되지만, 우리는 시합 출전을 위해 어쩔 수 없이 해야 되는 제도잖아.
> B : 그것도 틀린 말은 아니지만, (㉡)은 우리가 정당하게 누려야 하는 권리이면서 의무이기도 해. 그것을 보장받기 위해 이런 제도가 도입된 거야.

	㉠	㉡		㉠	㉡
①	최저학력제	학습권	②	기초학력제	학습권
③	최저학력제	경기출전권	④	기초학력제	경기출전권

■학습권을 보장하기 위해 최저학력제와 주말리그제를 도입하였다.
· **최저학력제**……학생 선수의 학습권을 보장하면서 운동을 병행할 수 있는 환경을 조성하기 위하여 실시하는 제도. 최저 성적 기준을 명시하여 기준에 미달하는 학생 선수의 활동을 제한하고 있다.
· **학습권**……인간이 태어나면서부터 정당하게 누려야 하는 권리인 동시에 지켜야 할 의무. 아동과 학생은 학습을 통해 인격을 형성하고 인간의 존엄과 가치를 실현하며, 인간적으로 성장 발달해 나갈 권리가 있다.

심화문제

08 보기의 설명과 관련 있는 제도는?

> 보기
> 학생선수가 일정 수준의 학력기준에 도달하지 못한 경우에는 별도의 기초학력 보장 프로그램을 운영한다. 학교의 장은 필요한 경우 학생선수의 경기대회 출전을 제한할 수 있다.

① 최저학력제   ② 체육특기자 제도
③ 운동부의 인권보장제   ④ 학생선수의 생활권 보장제도

정답 05 : ④, 06 : ③, 07 : ①, 08 : ①

09 '공부하는 학생선수 만들기'에 관한 설명 중 틀린 것은?

① 공부도 잘하고 운동도 잘하는 학생 선수를 만들자는 것이다.
② 운동만 하는 학생선수에서 공부도 하는 학생으로 변화시키자는 것이다.
③ 학생선수들에게 다양한 진로를 선택할 수 있는 기회를 제공하기 위한 것이다.
④ 중도탈락이나 은퇴 후에 사회에 적응하는 데에 필요한 기초적인 교양수준을 갖추게 하려는 것이다.

■운동만 하는 것이 아니라 공부도 하는 학생선수를 만드는 것이 목적이지 잘하는 것이 목적은 아니다.

10 다음 학생선수들의 권리 중 코치나 감독이 지도자로서가 아니라 교육자로서 가장 우선적으로 지켜주어야 할 권리는?

① 학습권　　　　② 생활권　　　　③ 인권　　　　④ 스포츠권

■학생선수에게는 우선적으로 학습권이 보장되어야 한다.

11 다음 중 새로운 학교문화를 발전시키기 위한 스포츠의 역할이 아닌 것은?

① 인성교육의 장　　　　　② 학교폭력의 예방
③ 학교공동체의 형성　　　④ 학생선수의 학습권 보장

■학생선수의 학습권은 새로운 학교문화와 관련이 별로 없다.

12 미국 학생선수들의 최저 학력제도를 관리 감독하는 조직은?

① NCAA　　　② PTA　　　③ PGA　　　④ ESPN

■NCAA=미국대학체육협의회
■PTA=사친회(학부모+교사의 모임)
■PGA=미국남자프로골프협회
■ESPN=미국오락/스포츠전문 텔레비전

필수문제

13 스포츠지도자가 선수에게 폭력을 행사하게 될 수 있었던 원인이라고 보기 어려운 것은?

① 무소불위의 권력　　　　② 운동부 운영에 대한 결정권
③ 학부모에 대한 영향력　　④ 학생들에 대한 측은지심

■스포츠지도사가 학생들에 대한 측은지심이 있으면 폭력을 행사할 수 없을 것이다.

심화문제

14 스포츠지도자의 비윤리적 행위의 원인으로 볼 수 없는 것은?

① 학부모의 지도자 금품 제공　　② 스포츠클럽 지도자의 부족
③ 팀 성적에 대한 부담　　　　　④ 지도자의 불안정한 근무형태

■스포츠클럽의 지도자 부족이 스포츠지도자의·비윤리적 행위가 될 수 없다.

15 체육지도자가 지녀야 할 덕목이 아닌 것은?

① 책임감　　② 창의적 사고　　③ 스포츠맨십　　④ 맹목적 승리추구

■맹목적으로 승리를 추구하면 잘못된 행동을 할 수도 있다.

정답　09 : ①, 10 : ①, 11 : ④, 12 : ①, 13 : ④, 14 : ②, 15 : ④

16 보기는 스포츠에서 성폭력을 해결할 수 있는 방안을 설명한 것이다. (   ) 안에 들어갈 말을 차례로 연결한 것 중에서 가장 옳은 것은?

> 보기
> » 스포츠 성폭력을 예방하기 위해서는 운동선수와 지도자를 대상으로 (   )이 이루어져야 한다.
> » 성폭력이 발생했을 경우에는 신속한 (   )이 이루어져야 한다.
> » 성폭력이 발생한 후에는 성폭력 피해자에 대한 (   )이 이루어져야 한다.

① 예방교육-법적 처벌-상담   ② 예방교육-상담-법적처벌
③ 상담-예방교육-법적처벌   ④ 상담-치료-법적처벌

■성폭력을 해결하기 위해서는 예방교육을 실시하고, 성폭력이 발생했을 때에는 법적 처벌을 해야 하고, 피해자에 대한 상담이 이루어져야 한다.

17 스포츠지도자의 체벌이 미치는 영향으로 보기 어려운 것은?

① 폭력의 고착화와 재생산
② 선수에게 부정적인 자아정체성을 형성하도록 만든다.
③ 지도자에 대한 존경심과 유대감을 강화한다.
④ 폭력을 정당화하는 조직의 규범을 당연한 것으로 받아들이게 한다.

■체벌은 오히려 지도자에 대한 반감을 들게 만들 수 있다.

18 선수체벌 금지 이유로 적절하지 않은 것은?

① 인권을 침해하는 행위이기 때문에
② 경기력 향상에 효과가 없기 때문에
③ 과도한 스트레스의 원인이 되기 때문에
④ 수동적 태도를 길러주기 때문에

■선수체벌과 경기력은 아무 상관이 없다.

19 학교체육의 역할로 적절하지 않은 것은?

① 창의적 일탈행위의 개발과 교육   ② 사회적 일탈행위에 대한 정화적 역할
③ 사회적 존재로서의 공동체의식 고취   ④ 학교 환경적응과 갈등 해소기회 제공

■학교체육은 일탈행위를 제한시키는 역할을 한다.

20 소수 정예를 중심으로 경쟁성을 강조하는 운동 또는 전문적인 운동선수들이 행하는 운동을 표현한 가장 적절한 용어는?

① 익스트림스포츠   ② 전문체육
③ 프로스포츠   ④ 아마추어스포츠

정답 16 : ①, 17 : ③, 18 : ②, 19 : ①, 20 : ②

스포츠조직과 윤리

스포츠의 정치적 기능

순기능	역기능
국민의 화합과 협력	정치선전 및 체제 강화
외교적 승인과 국위 선양	사회통제
국민의 건강과 행복 증진	정치적 시위
국가 간의 화해와 협력	국가 간의 분쟁

스포츠의 사회적 기능

순기능	역기능
체제유지와 긴장처리	신체적 소외
사회통합	강제와 사회통제
목표성취	상업주의와 군국주의
적응능력 강화	성차별과 인종차별

정부가 스포츠에 개입하는 이유(동기)

⊛ 국민의 안전과 질서 확립
⊛ 국위선양과 경제성장
⊛ 국민화합과 통합
⊛ 강군 육성

▶ 정치가 스포츠를 이용하는 방법……상징, 동일화, 조작

정책의 정의

☞ 바람직한 사회상태를 이룩하려는 정책목표와 그 정책목표를 달성하기 위해서 필요한 정책수단을 정부기관이 공식적으로 결정한 기본방침이다.
☞ 목적가치와 실행을 투사한 계획이다.
☞ 목표와 그것을 실현하기 위한 행동으로 구성된다.
☞ 주로 정부기관이 결정하는 미래지향 행동의 주요 지침이다.

💡 심판의 윤리기준

☞ 공평무사하고 공명정대하게 심판을 보아야 한다.
☞ 청렴결백해야 한다.
☞ 편견과 차별성을 가지면 안 된다.

💡 심판의 역할과 과제

심판의 순기능	심판의 역기능	역기능을 최소화하기 위한 방안
» 심판의 판정행위는 심판의 기술적 판단행위이므로 윤리적 가치가 있다.	» 심판의 오심	» 심판의 징계 강화
» 심판의 판정은 보편 타당성이 있고 객관적 필연성이 있다.	» 심판의 편파 판정	» 비디오판독 등 객관적인 심판 제도의 도입
» 심판의 판정 행위는 심판의 절제있는 자세이다.		» 정기적인 심판 보수교육
		» 심판 윤리교육 강화

💡 스포츠경영자의 윤리의식

☞ 경쟁자를 포함한 모든 참여자를 존중함으로써 존경받는 경영자가 되어야 한다.
☞ 봉사를 통하여 사회에 공헌해야 한다.
☞ 공정성과 정의를 실천하는 윤리적 지도자가 되어야 한다.
☞ 능력·호의성·정직성에 근간을 두고 소비자와 진정성 있는 신뢰를 구축해야 한다,
☞ 구성원들이 공유가치를 창출할 수 있도록 유익한 목표를 제시하고, 공동의 선을 지향해야 한다.

■스포츠의 정치적 기
능(p. 86) 참조.

필수문제

01 스포츠와 정치의 관계 중에서 스포츠의 역기능에 해당되는 것을 모두 고르면?

> 보기
> ㉠ 정치선전 및 체제강화　　　　　　　㉡ 사회통제
> ㉢ 국가간 분쟁　　　　　　　　　　　㉣ 정치적 시위

① ㉠, ㉡, ㉢, ㉣　　　　　　　　② ㉠, ㉡, ㉢
③ ㉡, ㉢, ㉣　　　　　　　　　④ ㉠, ㉢, ㉣

심화문제

■지원은 스포츠를 도
와주는 것이지 이용하
는 것이 아니다.

02 정치가 스포츠를 이용하는 방법이 아닌 것은?

① 상징　　　　　　② 동일화　　　　　　③ 조작　　　　　　④ 지원

03 보기의 스포츠와 정치의 관계 중에서 스포츠의 순기능에 해당되는 것을 모두 고르면?

> 보기
> ㉠ 국민의 화합과 협력　　　　　　　㉡ 외교적 승인과 국위선양
> ㉢ 국민의 건강과 행복증진　　　　　㉣ 국가 간의 화해와 협력

■㉠, ㉡, ㉢, ㉣ 모두
스포츠의 정치적 순기
능을 설명하고 있다.

① ㉠, ㉡, ㉢, ㉣　　　② ㉠, ㉡, ㉢　　　③ ㉡, ㉢, ㉣　　　④ ㉠, ㉢, ㉣

필수문제

■스포츠의 사회적 역
기능은 신체적 소외,
강제와 사회통제, 상업
주의와 군국주의, 성차
별과 인종차별이다.

04 스포츠의 사회적 역기능이 아닌 것은?

① 스포츠인의 경제적 성공　　　　　② 강제와 사회통제
③ 상업주의와 군국주의　　　　　　　④ 성차별과 인종차별

심화문제

■국민의 건강과 행복
증진은 스포츠의 정치
적 순기능이다.

05 스포츠의 사회적 순기능이 아닌 것은?

① 체제유지　　　② 사회통합　　　③ 목표성취　　　④ 국민의 건강과 행복 증진

정답　01 : ①, 02 : ④, 03 : ①, 04 : ①, 05 : ④

06 정부가 스포츠에 개입하는 동기 또는 이유로 타당하지 못한 것은?

① 국민이 정부에 잘 협력하도록   ② 국위선양과 경제성장

③ 국민화합과 통합   ④ 강군 육성

> ■국민이 정부에 잘 협력하도록 하기 위한 것이 아니라 '국민의 안전과 질서 확립을 위해서'도 정부가 스포츠에 개입하는 이유 중의 하나이다.

07 정책의 정의 중에서 옳은 것은?

① 목적가치와 실행을 투사한 계획이다.

② 목표와 그것을 실현하기 위한 행동으로 구성된 것이다.

③ 주로 정부기관이 결정하는 미래지향행동의 주요 지침이다.

④ 바람직한 사회상태를 이룩하려는 정책목표와 그 정책목표를 달성하기 위해서 필요한 정책수단을 정부기관이 공식적으로 결정한 기본방침이다.

> ■①, ②, ③, ④ 모두 정책의 정의에 관한 설명이다.

08 보기의 ( ) 안에 들어가야 할 단어들을 연결한 것 중에서 가장 옳은 것은?

> 보기
> 정책은 공동체의 구성원들에게 기본적인 권리와 의무를 (　)하고 적절히 (　)하는 기능을 한다. 그러므로 경제적 합리성의 기준뿐만 아니라 윤리적 (　)의 기준도 중요하다.

① 할당−배분−정당성   ② 할당−배분−안전성

③ 할당−증여−정당성   ④ 할당−증여−신빙성

> ■정책은 공동체 구성원들에게 기본적인 권리와 의무를 할당하고, 적절히 배분하는 기능이 있다. 따라서 경제적 합리성의 기준뿐만 아니라 윤리적 정당성의 기준도 중요하다.

09 일반적으로 정책분석가를 객관적 기술자 유형, 고객옹호자 유형, 쟁점옹호자 유형으로 분류할 수 있다고 한다. 보기의 설명 중에서 객관적 기술자 유형의 특성을 고르면?

> 보기
> ㉠ 객관적이고 기술적인 정보만을 제공한다.
> ㉡ 정책결정자의 결정을 이론적으로 정당화시키는 처방적 정보를 제공한다.
> ㉢ 자신의 가치판단과 행동기준에 따라서 정책적 쟁점이 되는 문제를 선택하고 대안을 제시한다.
> ㉣ 정책목표의 수정이나 여러 가지 정책 대안 중에서 선택을 정책결정자에게 미룬다.
> ㉤ 정책결정자에 대하여 자문기능을 수행한다.
> ㉥ 자기 자신의 가치실현을 위한 봉사자이다.

① ㉠, ㉥   ② ㉡, ㉤   ③ ㉢, ㉥   ④ ㉠, ㉣

> ■객관적 기술자 유형 (㉠, ㉣) : 객관적인 사실을 설명(기술)하는 유형
> **고객옹호자 유형**(㉡, ㉤) : 고객인 정책결정자를 무조건 옹호하는 유형
> **쟁점옹호자 유형**(㉢, ㉥) : 어떤 정책을 세우려고 할 때 쟁점이 될 만한 문제를 미리 파악하고 그 쟁점을 방어할 수 있는 논리를 미리 준비하는 유형

정답   06 : ①, 07 : ①, ②, ③, ④, 08 : ①, 09 : ④

10 스포츠 정책의 윤리적 측면에서 초등학교 스포츠강사 사업을 공리주의적 관점에서 긍정적 가치와 부정적 가치로 나누어 볼 수 있다. 긍정적 가치에 해당하지 않는 것은?

① 체육수업 운영의 전문성 확보를 통한 내실화
② 전문인력 남용과 동시에 저소득 양산
③ 초등교사의 수업부담 감소
④ 방과 후 체육활동 활성화

■ 스포츠윤리센터의 역할
· 체육계 비리 및 인권 침해에 대한 신고접수, 조사 및 피해자 지원
· 체육계 비리 및 인권 침해에 대한 실태조사 및 예방교육
· 체육계 인권침해 재발 방지를 위한 징계 정보시스템 운영
· 체육계의 공정성 확보 및 체육인의 인권보호 사업

11 체육의 공정성 확보와 체육인의 인권보호를 위해 설립된 스포츠윤리센터의 역할로 적절하지 않은 것은?

① 스포츠비리 및 체육계 인권침해에 대한 실태조사
② 스포츠비리 및 체육계 인권침해 방지를 위한 예방교육
③ 신고자 및 가해자에 대한 치료와 상담, 법률 지원, 임시보호 연계
④ 체육계 인권침해 및 스포츠비리 등에 대한 신고 접수와 조사

12 심판에게 요구되는 개인윤리적 덕목에 대한 설명으로 적절하지 않은 것은?

① 성품이 고결하여 탐욕이 없고, 심판으로서 품위를 지켜야 한다.
② 외부의 지시나 간섭을 단호히 뿌리쳐야 한다.
③ 어느 한쪽으로 치우침과 사사로움이 없어야 한다.
④ 판정의 신뢰성을 높이는 제도를 도입해야 한다.

■ 심판의 윤리 기준
· 공평무사하고 공명정대하게 심판을 봐야 한다.
· 편견과 차별성이 없어야 한다.
· 청렴결백해야 한다.

13 스포츠에서 심판윤리에 관한 설명으로 옳지 않은 것은?

① 심판의 사회윤리는 협회나 종목단체의 도덕성과 밀접한 관련이 있다.
② 심판은 공정하고 엄격한 도덕적 원칙을 적용해야 한다.
③ 심판의 개인윤리는 청렴성, 투명성 등의 인격적 도덕성을 의미한다.
④ 심판은 '이익동등 고려의 원칙'에 따라 전력이 약한 팀에게 유리한 판정을 할 수 있다.

■ 심판은 공평무사하고 공명정대하게 심판을 봐야 한다.

정답 (10 : ②, 11 : ③, 12 : ④, 13 : ④)

14 보기의 ㉠, ㉡에 알맞은 용어는?

보기
심판의 윤리는 (㉠)와 (㉡)가 복합적으로 얽혀 있어 상호 보완적 관계를 가진다. (㉠)는 심판 개인의 공정성, 청렴성 등의 인격적 도덕성을 의미하며, (㉡)는 협회나 기구의 도덕성과 밀접한 연관을 가진다.

	㉠	㉡		㉠	㉡
①	개인윤리	사회윤리	②	책임윤리	심정윤리
③	덕윤리	의무윤리	④	배려윤리	공동체윤리

▪ 심판의 윤리는 개인윤리와 사회윤리가 복합적으로 얽혀 있어 상호보완적인 관계가 있다.
개인윤리 : 행위의 주체를 개인의 양심이나 덕목에 있다고 보는 것으로, 심판 개인의 공정성, 청렴성 등의 인격적 도덕성을 뜻함.
사회윤리 : 사회구조, 질서, 도덕성 등을 문제라고 보는 것으로, 협회 · 기구의 도덕성과 연관된 것으로 본다.

15 스포츠 심판이 갖추어야 할 윤리적 자세에 해당하지 않는 것은?

① 자율성   ② 청렴성   ③ 공정성   ④ 스포츠맨십

16 심판의 도덕적 조건 중 개인윤리 측면이 아닌 것은?

① 외부의 지시나 간섭을 단호히 뿌리칠 수 있는 자율성을 지녀야 한다.
② 심판평가제를 도입하여 오심 누적 시 자격을 박탈하는 등 엄격히 대처해야 한다.
③ 성품과 행실이 바르고 탐욕이 없는 청렴성을 지녀야 한다.
④ 심판의 도덕신념이 본인의 이익을 위한 것이라면 도덕적이라 할 수 없다.

▪ 심판평가제를 도입하여 오심누적 시 자격을 박탈하는 것은 개인윤리 측면보다는 심판의 공정성을 위한 방안이다.

17 보기의 ㉠, ㉡에 해당하는 심판의 덕목으로 바르게 묶인 것은?

보기
㉠ 심판은 선수의 이익을 동등하게 대우하는 엄격한 중립성을 가져야 하며, 개인적 감정을 배제해야 한다.
㉡ 심판은 한 번 내린 판정을 번복하기가 힘들기 때문에, 정확한 판정을 내릴 수 있는 오랜 경험과 훈련이 필요하다.

	㉠	㉡		㉠	㉡
①	공정성	자율성	②	공정성	전문성
③	전문성	자율성	④	개방성	전문성

▪ ㉠과 같이 엄격하게 중립을 지킨다는 것은 공정성에 해당되고, ㉡은 심판이 판정을 자주 번복한다면 심판의 위엄을 보증할 수 없고, 정확하게 판정하려면 그 스포츠에 대한 전문성을 갖추고 있어야 한다.

정답 (14 : ①, 15 : ④, 16 : ②, 17 : ②)

18 스포츠경기 상황에서 규칙이 준수되도록 외적 통제가 강화되어야 한다. 경기 중 이 일을 직접 담당하는 가장 중요한 사람은 누구인가?

① 단장   ② 관중

③ 감독   ④ 심판

19 심판의 오심을 바로잡기 위한 방안으로 적절하지 않은 것은?

① 심판의 판정능력 향상을 위한 반복훈련
② 심판의 권위의식 강화 및 명예심 고취
③ 상임심판 제도의 확립과 적절한 보수를 통한 전문성 제고
④ 심판의 질적 향상을 위한 교육기회 확대

20 스포츠경기에서 오심이나 편파 판정을 최소화하여 공정성을 향상시켜 주는 공학기술은?

① 안전을 위한 기술   ② 건강을 위한 기술

③ 감시를 위한 기술   ④ 수행증가를 위한 기술

필수문제

21 보기에 있는 스포츠경영자의 윤리적 리더십 중 옳지 않은?

> 보기
> ㉠ 경쟁자를 포함한 모든 참여자를 존중함으로써 존경받는 경영자가 되어야 한다.
> ㉡ 선수들의 경제적 이득을 가장 우선적으로 고려해야 한다.
> ㉢ 스포츠 조직이 이익을 창출할 수 있도록 목표를 세우고, 반드시 실행에 옮겨야 한다.
> ㉣ 관중은 소비자이므로 경영에 도움이 될 수 있는 방향으로 유도해야 한다.
> ㉤ 봉사를 통하여 사회공헌에 기여해야 한다.

① ㉡, ㉢, ㉣, ㉤
② ㉢, ㉣, ㉤
③ ㉢, ㉤
④ ㉡, ㉢, ㉣

■스포츠경영자의 윤리의식(p. 87) 참조.

정답 (18 : ④, 19 : ②, 20 : ③, 21 : ④)

22 보기의 ㉠~㉢에 해당하는 용어로 바르게 연결된 것은?

> 보기
> 스포츠 조직에서 (㉠)은/는 기업의 가치경영을 넘어 정성적 규범기준까지 확
> 장된 스포츠 사회·윤리적 가치체계를 의미한다.
> 이러한 체계가 실효성 있게 작동되기 위해서는 경영자의 윤리적 (㉡)와 경영
> 의 (㉢) 확보가 선행되어야 한다.

	㉠	㉡	㉢
①	기업윤리	공동체	투명성
②	윤리경영	실천의지	투명성
③	기업윤리	실천의지	공정성
④	윤리경영	공동체	공정성

■윤리경영이란 조직
의 가치 경영을 넘어
정성적 규범기준까지
확장된 최우선 가치체
계인데, 이를 위해서
는 경영자의 **윤리경영
실천의지**와 **경영의 투
명성** 확보가 선행되어
야 한다.

23 스포츠 조직의 윤리적 문화 조성에 필요한 효과적인 행동수칙 내용으로 바르지 않은 것은?

① 수칙은 애매모호하지 않아야 한다.
② 수칙이 적용될 대상이 명시되어야 한다.
③ 수칙은 위반의 결과를 명확히 해야 한다.
④ 수칙은 반드시 예외 조항을 두어야 한다.

■수칙에 예외 조항을
두게 되면 혼란을 가
중시킬 수 있다.

24 다음 중 스포츠 조직의 불공정행위가 아닌 것은?

① 조직의 사유화와 파벌주의
② 경기단체의 파행적 운영
③ 경기의 불공정 운영
④ 경기단체의 이익옹호

정답 (22 : ②, 23 : ④, 24 : ④)

25 국민체육진흥법(시행 2022.8.11.) 제18조의3 '스포츠윤리센터의 설립'에 관한 사항으로 옳지 않은 것은?

① 스포츠윤리센터는 문화체육관광부 장관이 감독한다.

② 스포츠윤리센터의 정관에 기재할 사항은 국무총리령으로 정한다.

③ 스포츠윤리센터가 아닌 자는 스포츠윤리센터 또는 이와 비슷한 명칭을 사용하지 못한다.

④ 스포츠윤리센터의 장은 문화체육관광부 장관의 승인을 받아 관계 행정 기관 소속 임직원의 파견 또는 지원을 요청할 수 있다.

■ 국민체육진흥법 18조의3(스포츠윤센터의 설립)
① 체육의 공정성 확보와 체육인의 인권보호를 위하여 스포츠윤리센터를 건립한다.
④ 스포츠윤리센터의 운영, 이사회의 구성 및 권한, 임원의 선임, 감독 등 스포츠윤리센터의 정관에 기재할 사항은 대통령령으로 정한다.
⑤ 스포츠윤리센터의 장은 업무 수행에 필요하다고 인정될 때에는 문화체육관광부장관의 승인을 받아 관계 행정기관 소속 공무원이나 관계기관 · 단체 소속 임직원의 스포츠윤리센터 파견 및 지원을 요청할 수 있다.
⑥ 스포츠윤리센터가 아닌 자는 스포츠윤리센터 또는 이와 비슷한 명칭을 사용하지 못한다.
⑦ 스포츠윤리센터는 문화체육관광부장관이 감독한다. 이 경우 문화체육관광부장관은 스포츠윤리센터가 제3항 각 호의 사업을 독립적으로 수행할 수 있도록 필요한 시책을 강구하고 보장하여야 한다.

26 국민체육진흥법 제18조의3(2020. 8. 18, 일부개정)에 의거하여 체육의 공정성 확보와 체육인의 인권보호를 위해 설립된 단체는?

① 스포츠윤리센터

② 클린스포츠센터

③ 스포츠인권센터

④ 선수고충처리센터

정답 25 : ②, 26 : ①

MEMO

MEMO